文春文庫

お母さんの「敏感期」

モンテッソーリ教育は子を育てる、親を育てる

相良敦子

文藝春秋

はじめに

幼い子どもに「敏感期」という大切な時期があることをごぞんじでしょうか。「敏感期」とは、もともと生物学で使われる用語です。すべての生物の幼少期に、一定のことに対して感受性が特に敏感になる短い時期のことをいいます。二十世紀の幼児教育の改革者マリア・モンテッソーリという人は、この敏感期を人間にも見出しました。そして敏感期を利用することは、はかりしれない自然のエネルギーである「発育期の力」を教育に役立てることだと気づきました。

この敏感期の事実を知っているかいないかで、子どもを見る目がずいぶんとちがってくるものです。そして、子育てが「楽しくてたまらない」か「つまらない」かを分けるカギにもなります。

次にあげる例は、「敏感期」を知って子どもを見るのと、知らないでかかわるのとでは、ちょっとしたことでも大きなちがいを生むのだということを示しています。これは、大学に入ってまだ三か月しかたっていない学生が、私の授業で「敏感期」の話を聞いたあとに書いた文です。

今朝、電車の中で、赤ちゃんがむずかっていました。お母さんは、なだめようと抱っこするのですが、赤ちゃんはいやがってずるずると床に座りこみます。お母さんは、何度も抱っこするのですが、やはり赤ちゃんはいやがっています。「いったい何がいやなんだろう」と私はその行動をじっと見ていました。すると赤ちゃんは、床に座りこんだあと、よいしょ、と立ちあがり、電車の揺れにからだを合わせました。そしてなんともいえない喜びの笑顔をしました。私はその喜びの顔を見て、「ああ、この子は立ちたかったんだ」とわかりました。けれども、その、赤ちゃんの顔を見ていなかったお母さんは、いつまでも、抱っこしようとして、イライラしていました。この赤ちゃんは自分で立つ力を獲得する敏感期にいたのですね。赤ちゃんを理解してあげることはむずかしいけれども、ちょっとした知識とゆとりがあるだけで、赤ちゃんの喜びをわかってあげ、それを大切にしてあげることもできるのでしょうね。　　（寺西由佳さん）

授業で「敏感期」について学んで以来、もう子どもの見方や教育の考え方が変わってきているのです。

「いったい何がいやなんだろう、と私はその行動をじっと見ていました」という見方や、赤ちゃんが電車の揺れにからだを合わせた瞬間と、そのときの喜びの表情を見てとり、「ああ、この子は立ちたかったんだ」と子どもの心を見抜く力を身につけたのでした。

むずかって泣いている赤ちゃんの前に大人が二人いて、一人はその原因を知ろうともせず、もっぱら自分の思いどおりに赤ちゃんを扱おうとしています。もう一人は、赤ちゃんのむずかる原因を知ろうとし、赤ちゃんの泣きやんだ瞬間や喜んだ顔をちゃんと見ています。このお母さんがもしも、その赤ちゃんが泣く原因は電車の中でも自分で立ちたいという、この年齢の敏感期の表明だとわかったら、赤ちゃんが倒れないようになんとか工夫をして支えてあげることもできたでしょう。

このように、敏感期のいろいろな特徴、その時期だけにあらわれる子どもの強い願望や傾向を知っておくことによって、子育ての姿勢も変わってくるのです。

そして、子どもが成長していく過程を上手に見守ることで、お母さんも同時に成長していくわけです。つまり、子どもが敏感期を迎えているそのお母さん自身、子育てという敏感期にいるのではないでしょうか。

この本では、子育てにぜひとも知っておきたい「子どもの敏感期」を中心に、子育て真っさい中の若いお母さんたちに役立つ、具体的なモンテッソーリ教育の教えや技術を話していきます。

なお、モンテッソーリ教育には、教具、教師が完備された、モンテッソーリ教育という一つの体系があります。モンテッソーリ教育は、その点で特殊な性格をもっていますが、他方、モンテッソーリ教育には、だれもが利用できる、きわめて普遍的なマリア・モンテッソーリ博士のすばらしい遺産があります。

ここでは、モンテッソーリ教育のその普遍的な部分から、子育てのヒントを紹介していきましょう。

お母さんの「敏感期」目次

第六章　子育てに大事な五つの鉄則――イラストによるまとめ　229

第五章・第六章　資料提供者　京都市　くすのき保育園
園長　池田政純
主任　池田則子
職員　西村佳代子／恩庄陽子／園田睦子／佐野　香

イラスト　㈱そのスタジオ　平林育子

お母さんの「敏感期」

モンテッソーリ教育は子を育てる、親を育てる

第一章　モンテッソーリ教育からのヒント

一九六〇年代の後半ごろから、世界的にモンテッソーリ教育がリバイバルし、日本でも、そのころから幼稚園や保育園で、この教育方法を取り入れるところがでてきました。

この教育方法の土台は、「日常生活練習」という領域です。モンテッソーリ教育を受ける子どもたちが、家庭の中でめざましい成長過程を見せるので、お母さんたちが「いったい、園で何をしているのだろう？」と注目するようになったものです。

最近では、「モンテッソーリ教育って何だろう？」と関心をもたれるお母さんが年々増えてきているようです。子育てをしていくうえで、モンテッソーリ教育の考え方や技術の本質を知ることで、じつに有効なヒントを得ることができます。そこで、だれでも入れるモンテッソーリ教育への入り口を紹介いたしましょう。

一、子育てに役立つ基本的な知識

モンテッソーリ教育を知りたいのですが、その機会がつかめません。自分で学ぶ方法はないでしょうか？

こんな質問を多くのお母さんから受けます。この本は、そんな方のために、マリア・モンテッソーリという人がその教育方法を創りだしていった過程をたどりながら、モンテッソーリ教育を理解し、子どもへのかかわり方を発見し、創造的に子育ての日々を生きることができるように、と願って書いていきます。

そのために、身近な例や具体的な質問から展開するという方法をとるのですが、それには理由があります。その理由を説明する前に、まず、二つのエピソードを紹介しましょう。

◆ニュートンは、りんごが木から落ちるのを見て、「おやっ」と感じました。その生活の中での小さな驚きがきっかけで「なぜ？」と考えました。そこから、彼の知性は原因を求めて生き生きと働き始めます。そして、ついに万有引力の法則を発見するにいたったのです。ニュートンのおかげで、その後の人々は、この法則を利用することができるようになりました。

◆マリア・モンテッソーリ（一八七〇〜一九五二）という女性は、初めての、そしてたった一人の女子医学生として、ローマ大学に在籍していましたが、男子学生にまじっての研究には困難が多すぎて、医学の勉強を続けることを断念せざるをえないと考えました。挫折感に打ちひしがれ研究室をあとにして家に帰る途中、子連れの物乞いに出会いました。二歳半くらいの女の子をつれたお母さんの物乞いです。

このお母さんが、哀れな声でモンテッソーリに物乞いをしているとき、そのそばにいる女の子をふと見たモンテッソーリは、ハッとしました。その女の子は、お母さんが物乞いをしていることや、今日食べるものがないかもしれない惨めさとは無関係に、一枚の紙切れを手で扱いながら深く集中していたのです。

その顔は充実して輝いていました。その姿を見たとき、モンテッソーリは、なぜか「ハッ！」としたのです。そして、くるりとうしろを向くと、一目散に今さっきすてて出てきた研究室へ戻って行きました。

そのときからモンテッソーリは、二度と医学をすてようとは思わなかったそうです。その時点では、モンテッソーリは、自分でもその理由がわかりませんでした。それは、「ニュートンが、木からりんごが落ちるのを見てハッとしたこと」「ワットが、沸騰したやかんのふたがカタカタともちあがるのを見て、ハッとしたこと」と同じようなことなのだと彼女はあとで述懐しています。

この経験をした数年後にモンテッソーリは、子どもが手を使いながら深く集中している姿に不思議な感動を覚えつつ、その現象に注目するようになります。そして、「なぜ？」とか「いったい子どもの中に何が起こっているのか」とかを問うのです。

ここから彼女の子どもの研究が始まりました。科学者であった彼女は生理学・医学・生物学などいろいろな分野の知識を得ながら、子どもが深く集中する理由や意味を理解するにいたります。そして、その現象は教育にとってきわめて重要なことだと判断します。重要だから多くの子どものために役立てたいと思い、教育方法を創りだしました。その教育方法は、二十世紀を通じて世界中にひろがっていきました。

ニュートンの場合もモンテッソーリの場合も共通していることは、

①最初は、「見た！」「感じた！」ことです。

②次に、「感性」が感じたことをめぐって「知性」が働き始め、その知性による探求によって、「ハッ」としたり「おやっ」と思ったことの背後にある原因や意味を理解するにいたりました。

③内実がわかると、「それは有益か」、「役に立つか」の判断ができます。

④それが役立つことだと判断したので、より多くの人が利用できるような「形に整えた」のでした。

こうして、最初は、個人の経験だったものが、最後は、個人の驚きや疑問を離れて、万人共通の知識になり、人類の財産になっていったのです。

この過程は、ニュートンやモンテッソーリが偉大だったからたどれたのではありません。この過程は、だれでも真理を発見していくときにたどる道筋なのです。

だから、この本も、生活の中で感じる驚きや問いから出発し、その問いを深め、原因を理解し、何がよいかを判断し、よいことを実行に移す、という道筋をたどっていきます。そうすることは、マリア・モンテッソーリが「モンテッソーリ教育」という幼い子どものための教育方法を生みだしていった過程そのものを私たちも生きることであり、このことによって私たちもモンテッソーリのように、自分の目で子どもを発見し、子どもから学びつつ、教材をつくったり、教え方を工夫することができるようになると思うからです。そのようなモンテッソーリ教育が与えてくれるすばらしいヒントを、この本からくみとっていただければと思います。

おけいこごとや塾は、いくつぐらいさせるのがいいでしょうか？

ある母の会のお話のあと、ひとりのお母さんがやってきて質問されました。

「今、五つのことを習わせています。少し負担なのか行くのをいやがります。でも将来のことを考えるとどれも必要のようで、どれをやめさせたらよいかわかりません」

そのお母さんによれば、「ピアノは絶対に必要ですし、バレエはこの時期に習い始めるのがいいと聞きました。英語はこれからの国際化時代を生きる子どもに今から習わせておくのは親の義務だと思うし、水泳は自分の身を守るためにも、小学校に入ってからのことを考えても、させておくべきでしょう。学習塾は私学を一つぐらい受けさせたいので、準備のために行かせているんです」とのことです。

「どれをやめさせたらよいでしょうか？　先生は、おけいこごとはいくつぐらいが適当だと思われますか?」ということでした。この質問の仕方は、ちょっと極端ですが、でも多かれ少なかれ、このような質問をしたいと思っているお母さんはたくさんいらっしゃるのではないでしょうか？

おけいこごとは、現代では子育ての中でお母さんがかならず問われる課題になりました。『お子様おけいこごと事情』（婦人生活社）という本を書いた杉山由美子さんは、最初はおけいこごとをさせることに、かなり懐疑的だったそうです。でも、自分の二人の子どもが三歳と五歳になると、周囲を見まわせばみんなおけいこごとをしている。そこで、どんなおけいこごとがよいのか、自分の子育ての必要性にもうながされて、さまざまなおけいこごとや早期教育の教室に足を運び取材をしてまわり、それを明快な視点と筆致でレポートしておられます。

取材を続けるうちに、幼児のおけいこごとに懐疑的だった杉山さんの考え方は変化していきます。現代の子どもがおけいこごとを必要としている背景が見えてきて、時代にはさからえないと思うようになるわけです。

おけいこごとの現場を訪れて、取り組む子どもや指導する大人を見ながら、あきれたり感心したりする中で、杉山さんは常に「なんのためにおけいこごとをさせるのか」「そのおけいこごとをして、その子が将来よかったと思えるかどうか」「そのおけいこごとをすることで、どんな大人になってほしいと自分は考えているのか」と自問自答し続けています。そして、こんなことをいっておられます。

何のためにおけいこごとをさせるかと言ったら、集中してひとつのことをする喜びを知るためである、と今は断言できる。その意味では何でもいいのだ。

私はこのごろ、おけいこごとを始めたら続けなければいけないという気持ちも薄らいできた。ものごとを深く追求したり、ひとつの専門をきわめるのは、もっと大きくなってからでいい。子どもは、どんなことでもいいから、深く感じて自己没入できる体験を持つことが大事なのだ。何かを体験し、体験したことで、自分が成長できること、それが大切だ。そういう体験があれば、その子は自信をもてる。

幼時からのおけいこごとに当初懐疑的な私だったが、取材をしていくうちに、子どもが夢中になれるようなものだったらいいなという考え方から、ぜひ夢中になれるような体験をさせたいに変わった。

杉山さんは、幼児のおけいこごとが「なんのためか」、そのためには「何が大事か」

を自分で考えておられます。私は、この本を読み始めたとき、著者の考え方に共鳴し好感をもって読み進みました。するとどうでしょう、こんな言葉がでてきたのです。

「私はこのおけいこごとの取材にも、子どもがほんとうに熱中して集中できるおけいこごととはどういうものか、モンテッソーリを下敷きに考えている面もある」と。しかも、ずっと先にいくと、拙著『ママ、ひとりでするのを手伝ってね！』（講談社）や『子どもは動きながら学ぶ』（講談社）にある原理や方法を取り上げてくださっているのには驚きました。

母の会で質問したお母さんも、きっと「おけいこごと」で振りまわされていると感じていらっしゃったのでしょう。

現代ではだれもが子育ての過程で出合う「おけいこごと」についての悩みを、杉山さんは、自分の目で見届け、自分で理解し、自分で判断されていますが、そのためにモンテッソーリ教育の考え方が下敷きになったということは注目してよいことだと思います。お母さんが子育ての過程で出合う疑問を解くために、手がかりとなる考え方をもっていることは強みだといえましょう。

その手がかりをこれから展開していくわけですが、その前に幼児期の大脳について少し考えてみたいと思います。モンテッソーリの時代は、大脳についての研究は進んでいなかったのですが、生理学的な事実を根拠として子どもの教育を考えたモンテッソーリは、大脳と教育の関係を早くから問題にした人でした。

優秀な頭脳とは、子どものころできると聞きますが、いつごろ、どのような経験をさせるのがいいのですか？

大脳と教育の関係を、日本で初めてわかりやすく一般人に説明してくださった大脳生理学者の時実利彦先生は、脳細胞のからみあいの部位と順序を説明したあとに、次のようにユーモアたっぷりにいっておられます。

「二十歳を過ぎると、どんなに勉強しても、どんなに頭を鍛えても、脳細胞間の神経繊維のからみあいは増えないし、脳細胞の数も増えないのですから、今さら、じたばたしても始まりません。こんなことなら、もっと早く、母親にいい聞かせておいたら、もっとよいからみあいをしてもらっていたのにと、親をうらむか、あるいは仕方ないとあきらめるか、ということになりかねません」と。

時実先生が、こういわれた時代は大脳のことがいろいろわかり始めたころなので、一般のお母さん方は、脳の発達の各時期に必要な配慮など知らないのは当然でした。ところが今はちがいます。ある程度のことは理解できる時代ですから、あとで子どもがうらんだりあきらめたりしないように、この時期に必要な経験をさせたいものです。どんな経験が必要かという問いに答えるのが、この本の全内容でもあるわけですから、「早く、必要なことを聞かせてください」と即答を求めないでいただきたいものです。お母さん自身が、自分で背景や根拠を理解し、自分で答えをだせるようになるときが、じつはもう、自分の子どもが優秀な頭脳に一歩近づくことになるのですから。

そこで、まず脳の形成時期について知っておきたいことから話しましょう。

人間の脳は左巻きに進んでいく

「左巻き」といえば、頭が悪いことをいう代名詞みたいなものですが、どうしてどうして、とんでもない！　宇宙の中の進展はすべて左巻きに進行するのだと、ある科学者から聞きました。たとえば、人間の脳の発達は左巻きに進んでいくのだそうです。脊髄の上の方にほかの動物に比べるときわめて大きな比率で脳があるわけですが、それが発達していくのは脳のもっとも下位にある〈延髄《えんずい》〉から始まり、〈脳橋《のうきょう》〉↓〈中脳《ちゅうのう》〉↓〈皮《ひ》質《しつ》〉へと進みます。

この皮質の部分は、前方の領域を前頭葉と呼び、後方の領域は頭頂葉・後頭葉・側頭葉という名前で呼ばれています。左巻きに進むとは、まず後部の後頭葉の方、それから前の部分である前頭葉へと発達していくという意味です。

もう少し具体的な例をあげて説明しましょう。

ドーマン博士は、乳児が完全な人間になっていく成長の道筋は、ずっと昔からまったく変わることなく整然とした道筋があり、この道は、発達の過程としてすべての健常児が変わりなくたどるのだといいます。

すなわち、子どもが歩行にいたる道は四つのたいへん重要な段階に分けられるというのです。

第一段階　乳児は手足を動かすことはできるけれども、からだをある場所から別の場所に移動させるのにはこの手足を使えない「移動なき運動」の時期。

第二段階　腹部を床に押しつけながらある決まった方法で腕や脚を動かすと、A点からB点へと動けることを乳児がおぼえる「腹ばい」の時期。

第三段階　重力にさからって、自分の手と膝とでからだを起こし、前よりたやすく、しかしより巧みな技術をもって、床をあちらこちらに動きまわるようになる

「四つんばい」の時期。

第四段階 乳児が自分の脚で立ち上がり、歩くことをおぼえる「歩行」時期。

この四つの段階は、たんに年齢の問題ではなくて、各段階が次の段階に不可欠なものであるという、きちんと計画された秩序のあるものなのです。

この事実の中でもっとも本質的に大事なことは、「新しい段階へと順調に入っていけるかどうかは、その前の段階をうまく終了してきたかに、全面的にかかっている」ということだそうです。それは、脳の発達と密接に関連しているからです。

脳には四つの基本的で重要な部分があることは始めにも述べました。

そのもっとも低い部分は脊髄のすぐ上にある〈延髄〉ですが、この延髄は胴体、腕、脚を動かす能力をつかさどっています。だから最初は、手足をバタバタ動かす「移動なき運動」なのです。

その次に高次の部分は〈脳橋〉です。脳橋は、床に腹部を押しつけて、手足を動かすことによってからだを移動させるような能力をつかさどります。だから延髄がよくできあがり脳橋の部分を完成させるときになると「腹ばい」の時期に入るのです。

脳橋の上には〈中脳〉があります。中脳は、子どもが初めて重力にさからってからだを床から離し、手や膝で支えるのに必要です。中脳が発達する時期は「四つんばい」の時期です。

そして最後に脳の最上部、〈皮質〉という、さまざまな人間の能力をつかさどる部分にくるわけです。この段階で初めて「歩行」の時期に入ります。

脳の発達とこのように密接に関連しているわけですから、大人がはいはいしている赤ちゃんをすぐ抱きあげたり、いつもいつもベビーカーに乗せて移動して、四つんばいの機会を奪ったり、歩行器に入れて脳の刺激となる活動を省略させたりすると、脳の発達を妨げ、いろいろな問題の原因をつくります。

だからくり返し強調しますが、自然の法則によりもっとも大事なことは、「新しい段階へと順調に入っていけるかどうかは、その前の段階をうまく終了してきたかどうかに、全面的にかかっている」ということです。

ですから、おけいこごとや塾通いを、このような脳の発達の部位と順序などにおかまいなく、大人が勝手に「子どものために」「将来のために」「受験のために」「競争に勝つために」などの大義名分で押しつけてしまえば、優秀な頭脳どころか取り返しのつかぬ粗末な頭脳にしてしまうことだってありえましょう。

脳科学者の警告

一九九〇年以降、脳科学は急激に進み、次々と新しい事実が発見されています。一般人向けのわかりやすい脳の本が巷に溢れ、脳の中で起こっていることがリアルタイムにわかる機械を用いた脳の話のテレビ番組がお茶の間に届く昨今です。こんな中で脳科学が人間の脳は乳幼児期に重要な発達を遂げることを告げるので、乳幼児教育を脳科学の知見を用いて説明したり、早期教育に利用する動きも活発です。

ところが脳研究では、過去において主張されたことが新しい技術の出現によってその正当性が問われたことが何度もありました。また、専門家でない人による勝手な解釈が「神経神話」になっている場合も多いので、乳幼児期の教育と脳科学を簡単に結びつけて話すことには慎重でなければならないようです。

ＯＥＣＤ教育研究革新センター編著『脳を育む—学習と教育の科学—』（明石書店）の中には、こんな記事があります。「脳と心について多くの神話と思い違いが科学の外で生じた。……なにがしかの真実がある神話もあるが、神話の元になっている研究を注意深く読むと、その研究はしばしば間違って解釈（簡略化）されたか、もしくは人間にとっての意味合いが限られてしまう動物研究だけに基づいているかのどちらかである」「現段階では、脳がどのように機能するのか、どういった学習方法が最上なのか、どのような教育的対策が最上の支援なのか、について的確に確固たる結論をだすのは時期尚早である」というのです。

学習と教育について、脳科学の知見に基づいた的確で確固とした結論は現段階では出せない、という専門家の警告は心にとめるべき大事なことでしょう。そのことを心にとめた上で、幼児期の教育を考えるうえで役立つ、脳についての基本的な知識はあるかと思います。脳の構造や、脳の構成要素であるニューロン（神経細胞）やシナプスがどう働くか、システムとして脳がどう働くか、感覚や運動とどうつながっているのか、などは知っておくべきでしょう。

脳神経細胞のネットワークと神経神話

脳をつくる細胞はニューロン（神経細胞）とグリア細胞の二種類がありますが、主役はニューロンで、図1のような形状をしています。あちこちに枝をのばしている中心の星形の部分が神経細胞体で、核を一つもっています。伸びている枝は、一本だけある長

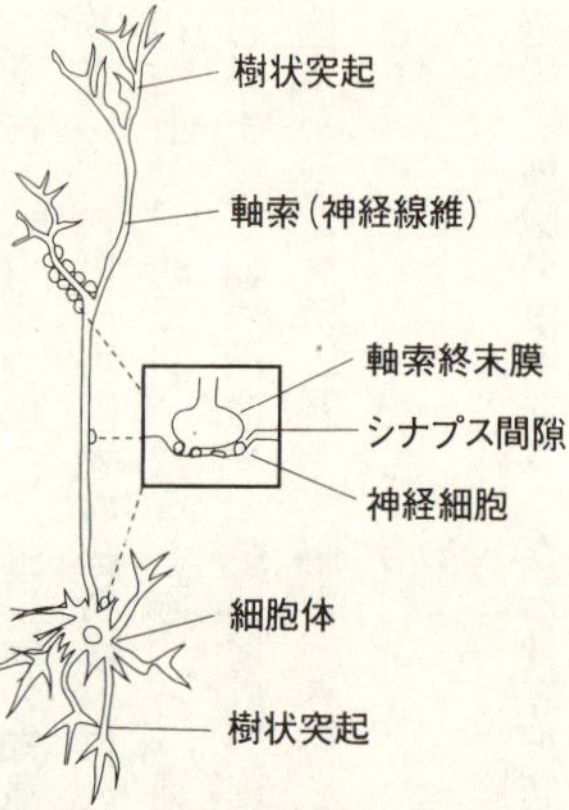

図1　脳神経細胞とシナプス

いものが軸索(神経線維)で、他のニューロンに情報を伝達します。上下左右にひろがる短いものは樹状突起と呼ばれ、情報を受け取る役目をします。

一つのニューロンの神経線維が、他のニューロンの樹状突起へと伸び、その突先のシナプスという場で情報の受け渡しがなされます。シナプスは一つのニューロンに平均一万個もあるそうです。脳内の情報は電気信号で行われるそうで、電気信号が軸索を伝わってきて、その先端のシナプスにまでやってくると、シナプスの中にあるシナプス小胞に含まれている神経伝達物質が電気信号の刺激を受けてはき出されます。放出された神経伝達物質は、シナプスとシナプスの隙間に拡散して、接続しているニューロンの樹状突起にある受容体

（レセプター）に届きます。こうして神経物質を受け取った受容体側に情報が伝わることになるというのです。ドーパミンやノルアドレナリンという脳内物質の名前をよく耳にしますが、これらは神経伝達物質の一種で、ちなみにドーパミンは、脳を覚醒させて、創造力を高め、ノルアドレナリンは驚きや怒りなどを伝達するといわれています。こうやってニューロンの接合部のシナプスで、神経伝達物質によって情報が伝わり、ニューロンが近くのニューロンと手を結んでネットワークをつくっていきます。

ニューロンは、ふつうの細胞とは異なり、細胞分裂で増えることはありません。胎児期に神経幹細胞というのが最初にあって、これがニューロンを次々に生み出し、生まれる約一か月まえには最大になるが、生まれる直前の時期にニューロンは他のニューロンと手を結び、盛んにネットワークをつくるので、そのネットワークから漏れたニューロンが死に、胎児のころから増え続ける脳細胞の数は、生まれたときにはほぼ決まっているといわれています。脳の回線も、増えるというより、むしろ余分にあったものを必要なものだけに減らしていき（「シナプスの刈り込み」が行われる）、よく使う回線は太く、しっかりしたものになり、使わないものは自然に淘汰されてなくなっていき、三歳ごろまでに回線が整理され、より効果的に情報を伝えることができるようになるというのです。一方、生まれた直後から三歳までニューロンは、外界からの刺激に応じて樹状突起を伸ばし、次々とシナプスをつくり、三歳ぐらいが臨界期で、これを過ぎるとある種のネットワークをつくるのは非常に難しくなるともいわれます。このことから、「赤ちゃんや幼児にさまざまな刺激を与えましょう。それが能力を伸ばすことです」という説をよく聞きます。他方、「シナプスの刈り込み」という事実がわかってきてからは、余計な刺激を与えすぎることはかえって脳の発達に悪い結果をもたらすという説もあります。

シナプス形成の科学的データをもとに主張されるこのような意見には「思い違い」が多いと、前掲の『脳を育む―学習と教育の科学―』は指摘しています。

「過去においてほとんどの科学者は、新生児の脳には、成熟した脳にある神経細胞すべてがあると主張した。しかしながら、新しい技術の出現で、この事実の正当性が問われている。人間の基本的な生存本能を制御するような仕組みは、生まれたときから備わっているが、新生児の神経回路のほとんどは、経験によって形成されるのである。そして、こうした接続が『いつ』『どのようにして』形成されるかは、現在でも議論のテーマである。こうした精神回路が三歳になるまでには完成していると唱える科学者もいれば、青年期になるまで形成され続けると信じる科学者もいる。ごく最近ではあるが、シナプス接続は一生を通じて形成されるという考え方で合意がなされている」というのです。

このように脳科学の世界は、次々と新しい研究発表が話題となる発展途上の分野なので、ある時期の学説や話題を短絡的に乳幼児教育にあてはめることはかえって悪い結果を招くことにもなり得るようです。

脳と感覚器官・運動器官

「脳はキーボードもプリンターもないパソコンの本体みたいなもので、脳だけを取り出して問題にしても何にもならない」と解剖学者の養老孟司氏が言うのを聞いたことがあります。パソコンに喩えるなら、入力はキーボードから打ち込まれるように五感から脳に情報が入っていくことで、出力はプリンターから文字が出るように、その情報に対して現れる反応だというのです。入力は五感で、出力は運動。運動といっても、スポーツのことを指しているわけではなく、話すのも運動だし、書くのも運動だし、手招きも表情も、全部運動になる、と養老氏は著書『バカの壁』(新潮新書)に書いています。パソコン時代に生きる者にとってわかりやすいので、少し引用してみましょう。

「脳に情報が入力され出力が出てくるときには、脳のなかで刺激は一遍折り返して出てくる。つまり、入力というのは自分のほうに入ってくるもので、出力は自分から出ていく。脳というのは、ちょうどその折り返し点だといえます。

具体的には、脳の中での折り返し点になっているのが、前頭葉にあたります。結局、知覚系、目や耳から入った入力が、基本的には前頭葉に集中する。前頭葉から、今度は後ろへ向かって、最終的には真ん中から出てくる。真ん中という言い方も大雑把ですが、簡単に言えば、中央の溝のあたり。その寸前が運動野という部分で、そこから最終的に筋肉へ出ていく。

そうすると、前頭葉から折り返して、前のほうを順繰りに処理されていって、最後に具体的な運動として出ていく」

入力する視覚、聴覚、嗅覚、触覚、味覚の感覚器官と、出力するための運動器官（随意筋肉や骨格・神経）、五感から入力された情報を処理して運動として出力する折り返し点の脳（図2を参照）は、パソコンのキーボードと本体とプリンターのような、人間にとってのハードウェアだといえましょう。ハードウェアに相当するものは、乳幼児期に自然に形成されます。脳の中でも自然に起こるシナプス形成と、生涯を通じて複雑な環境に触れることに関連して生じるシナプス形成は区別して考えなければならないそうです。人生の早期に自然に発生するシナプス形成は「体験予期型可塑性」、生涯を通じた複雑な環境との接触と関連するシナプス形成は「体験依存型可塑性」と呼ばれます。ハ

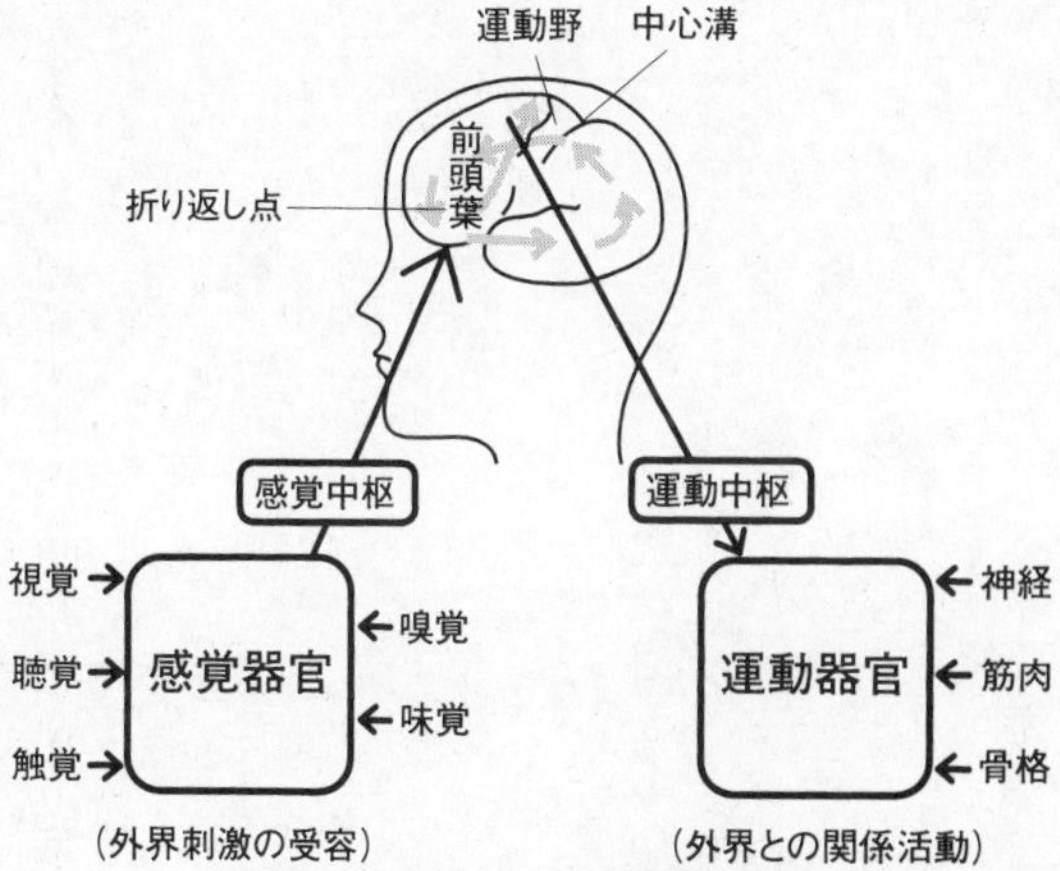
運動野
中心溝
前頭葉
折り返し点
感覚中枢
運動中枢
視覚
聴覚
触覚
感覚器官
嗅覚
味覚
運動器官
神経
筋肉
骨格
(外界刺激の受容)
(外界との関係活動)

図2　感覚→脳→運動の回路

ードウェアに関わるものは「体験予期型」が多く、特定の期間に適切な体験をするとたやすく学習できます。

脳科学の知識を専門家でない者が不適切な推論や都合のよい解釈で悪用、企業化し、「英才教育だ」「早期教育だ」と働きかける動きが盛んです。その波に乗せられた塾やおけいこに連れて行かれる子どもは、幼稚園ではやる気がなく、ボーッとしている、指示されないとできない、自分で考えることができない、自分のリズムで動けない、など共通の弱点が見られます。脳科学の時代といわれる現在、実験室での研究から生まれた知識が短絡的に一般化され「神経神話」となり、乳幼児教育に有害となっているケースも多々あるのです。こういう時代だからこそ、まずは子どもをじっくりと観察し、自然のプログラムにそって、その時期の生命の課題に子どもが自らしっかり向き合うのを手伝う方法を探さなければならないでしょう。

二、モンテッソーリ教育を利用する出発点

幼児教室のかわりに、うちでこんな工夫を娘にしてみました。

拙著『ママ、ひとりでするのを手伝ってね！』を読んでくださった見知らぬお母さんからお手紙をいただきました。『ママ、ひとりでするのを手伝ってね！』の本のタイトルを見たときは、娘がときどき口にする言葉なので驚き、どんな内容か早く知りたくて引き込まれる思いで読みました。娘に思いあたることが多く書いてあり、『うちの子もそうですよ』と著者にひとりで語りかけながら読んだものです」と書いてくださった長い手紙の中に、次のような箇所がありました。

娘が一歳十か月のころ、お友達は幼児教室に通い始めましたが、私は次の子を妊娠していたこともあり参加しませんでした。幼児教室のように子どもが喜ぶ環境を作ることはできませんでしたが、日常生活の中でこんなことを始めたのです。

・掃除をする時にプラグをコンセントにはめさせる。
・ほうきの使い方・ぞうきんの絞り方など一緒にやってみる。
・娘の興味のあることから始め、料理の時には卵を割ったり、びんのふたの開閉をさせたり、はさみで袋を切る。

などです。

娘はやりたい気持ちは一杯なのに、どれもすぐにはできないので涙をためることもありましたが、「お母さんだってすぐにはできなかったの。何度も練習してできるようになるのよ」というと、「私もがんばる！」と、一生懸命できるようになるまでしていました。何度も、〝今、手をだして助けたら、ギリギリのところで自分でしなくなる〟と、がまん大会のように見守りました。

少しずつできるようになると、手足の動きも軽くなり、ついに自分のものになったとき、娘の顔は、心が見えるように生き生きとし、自信に満ちたいい顔で、声も大きく弾んでいます。そんなときは親子で喜びあい、がんばったことをほめました。

次からは、私が掃除機をだしてくると、「手伝ってね。一緒にしよう」という前に「私が手伝ってあげる」と、自分からどんどんしてくれるようになりました。もし私が無理矢理にさせせようとしたり、すぐに手助けをしていたら、こんなに自分からするようにはならなかっただろうと思い、子どもがひとりでするのを手伝うことの大切さを知っていてよかったと思います。

ここで注目したいのは、「少しずつできるようになると、手足の動きも軽くなり、ついに自分のものになったとき、娘の顔は、心が見えるように生き生きとし、自信に満ちたいい顔で、声も大きく弾んでいます」という文が書けるお母さんの「子どもを見る目」です。

「心が見えるような顔」「生き生きした顔」「自信に満ちた顔」……子どもを見ていて、それが見えるか見えないかが、よいお母さん・よい保育者になるかならないかの分かれ目です。

「これができるようになった」とか「こんなよい評価をもらった」とか、子どもがやったことの結果の方ばかりを見る大人は、けっして幼児期の教育の本質をつかむことができないのです。

マリア・モンテッソーリは、ある活動に深く集中したあとの子どもが、なんともいえない笑顔になったのを見て「心の奥底が見えるようだった！」と感動しました。そして、この感動が出発点となっていろいろな研究に入っていき、子どもの偉大な可能性を発見し、それを引きだす方法を創りだすにいたったのです。

まず、幸せそうな子どもの顔が見える（その瞬間に気づく）大人であることがもっとも大事です。子どもの真に幸せな顔を見る目があると、子どもがそんなに幸せそうな顔をする機会をどのようにつくってやればいいか真剣に考えるようになります。お母さんや保育者がそのことを真剣に考えて具体的に工夫をすると、子どもは不思議にそれに反応します。その大人と子どもの相互作用の中で新しいアイデアややる気がわきだしてくるのです。

前述のお母さんのことを、もう少し紹介しましょう。

二人目の子がお腹にいる間、二歳の長女が「自分ひとりでできるように、日常生活の中で手伝う」よう努力されたお母さんが、その後もたびたび、お手紙でお子さんのようすを報告してくださいました。

二人目ができると急に赤ちゃんにもどるとか、女の子の方が気が強いからたいへんよ！　とか聞かされ、どうなるかなと思っていましたが、娘は、弟の面倒をよく見てくれるようになり自分のことはひとりでできるよう努力するようになりました。今までできなかったボタンもはめられるようになり、お風呂もひとりであがり、パジャマに着替えて待っていられるようになりました。自分の心に〝ひとりでやってみる！〟という意志がどんどん芽生えてきたことはうれしいことでした。……つい弟のことの方が先になり、娘のことをしてやれないことが多くなりましたが、娘は「私、待ってるよ」と、その間に少しずつひとりでしてくれるようになりました。弟が泣くと、「お母さん、おしっこかな、うんちかな」と、おむつとティッシュを持ってきてくれました。弟が起きているときは、ベッドのそばで遊びます。「お母さん、用事してね。けんくん（弟）は、私が見ていてあげるから」と。

四歳の秋から自分のことは自分ひとりでできるようにと、タンスの整理を私が一緒にし、その後は娘ひとりでだし入れができるようにしました。そうしますと、夜寝る前は、枕もとに明日の洋服を用意して寝ます。朝は、ひとりで幼稚園の用意もできるようになりました。私がときどき入れる場所をまちがえると、「お母さん、くつしたはくつしたの引きだしに入れてね」といわれてしまいます。私が忙しくて大事なものを元の位置に戻さないでちがうところに置いてわからなくなると、いつも娘に「忙しくてもきちんと元のところに片づけておいたらさがすことはないでしょ」といわれ、娘の几帳面さには頭がさがります。（京都市　石黒ふみ代さん）

この女の子（あづさちゃん）は、幼稚園の年長組のときの運動会では前の壇上でダンスをすることになりました。家に帰ってからもひとりで猛練習、当日は朝五時起きで練習していたそうです。

いよいよ本番、思いがけぬレコードの故障で、スタートが狂った音楽が鳴り始めました。周囲の大人たちの方があわてましたが、あづさちゃんは落ち着いて、曲のなりゆきを聴きわけ、正常に戻った瞬間をキャッチして、途中からなのに見事に踊り始めたそうです。見ていた人たちはその判断の素早さと正確さに驚嘆しました。

二歳ごろから、ひとりですることに努力し、自分で判断してすることを積み重ねてきた結果が、こんなとっさの判断の場面にあらわれます。これこそ「自立」した姿なのです。

あづさちゃんが小学一年生の春、ピアノの発表会を聴きにいった友人がいっていました。「あづさちゃんは、たった一年間しか習っていないのに、この一年間にすごく伸びて、強いタッチで大きな音をハッキリだして本当に上手だった。それに、一番生き生きして輝いていた」と。

小さいときに、生活の中で手をよく使っていたので、指の力が強く、感性が洗練されていて上達もめざましいという事実に注目したいものです。この事実は、小さいときにもっとも大切なのは、「日常生活のことをひとりですること」だと示唆しているのです。

モンテッソーリ教育を理解するのに、何から始めたらいいでしょうか？

「おとなしいな、と思うときはかならず、いたずらをしています」と子育て真っさい中のお母さんが苦笑しながら話していました。ほんとうに「いたずら」でしょうか？　そのときやっている材料が、お母さんが大事にしている化粧びんだったり台所用品だったりするから「いたずら」だというわけで、いくら扱っても大人の生活に支障をきたさないものなら、おとなしくしていてくれて、もっけの幸い、というところでしょう。

おとなしく何かをしているとき、「なんで、そんなに夢中でするの？」と不思議に思って見つめること、あたたかく見守ること、それをやり終わったときの表情から心の中にあるものを読み取ること、そこにじつはモンテッソーリ教育を理解する糸口があります。

マリア・モンテッソーリは、子どもが何かを手で扱いながら深く集中しているのを見たとき、それを終わったあとの顔を見たとき、不思議な感動にとらわれ、それがきっかけで研究に分け入っていくことになったのです。
モンテッソーリが、「はめこみ円柱」という教具を子どもが集中して扱っているのを見て、いろいろ試みたときの描写は有名な話です。モンテッソーリは、その子どもの集中力をたしかめようとしてほかのすべての子どもたちと歌を歌って周囲をまわったり、その子を椅子ごと机の上にそうっともちあげたりしました。それでも、その子は混乱することなく続けるほど深く集中していました。モンテッソーリが数えだしてからでも四十二回続けました。そして、自分からし終えたときのことを次のように書いています。

それから夢がさめたようにそれを中止し、幸福な人のような表情で微笑しました。その目を輝かせて満足げに周りを見ました。この子の気を散らすためになされたすべての動作は、明らかにぜんぜん気づかれてなかったのでした。しかし今は外からの原因なしに、その子は作業を終わりました。何が終わったのですか。なぜ終わったのですか。それは、幼児の心のきわめがたい底がのぞける最初の亀裂でした。
（『幼児の秘密』国土社）

モンテッソーリは、この場面のことをたくさんの自分の著書の中で報告しています。

そして『幼児と家庭』（エンデルレ書店）という本では、この報告のあとに次のようなことをいっています。

私は、幼な子の心の中に起こっていることの中に、ある法則があることを発見しました。そして、この法則が、教育の課題を完全に解決する鍵を与えてくれたのです。子どもの知的生活、情緒生活、秩序感、安定感、社会性、そして善意までが、たった一つの、かくれた神秘的な源泉に端を発しているのです。すなわち、子どもが集中するということです。このことを発見して以来、私は、集中を可能にする教具と集中を促す環境を注意深く研究し始めました。こうして私は、私の教育方法を編みだしたのです。

子どもが深く集中したあと、「幸福な人のような表情で微笑した」ことを見て不思議な感動を覚えたモンテッソーリの感性が出発点となり、そこから本格的な研究が始まり、やがて教育方法が編みだされたのです。

だからモンテッソーリのように、子どもが何かを集中してしているのを見かけたら、よく見守りましょう。それが出発点となり、モンテッソーリが歩んだのと同じ道を踏み

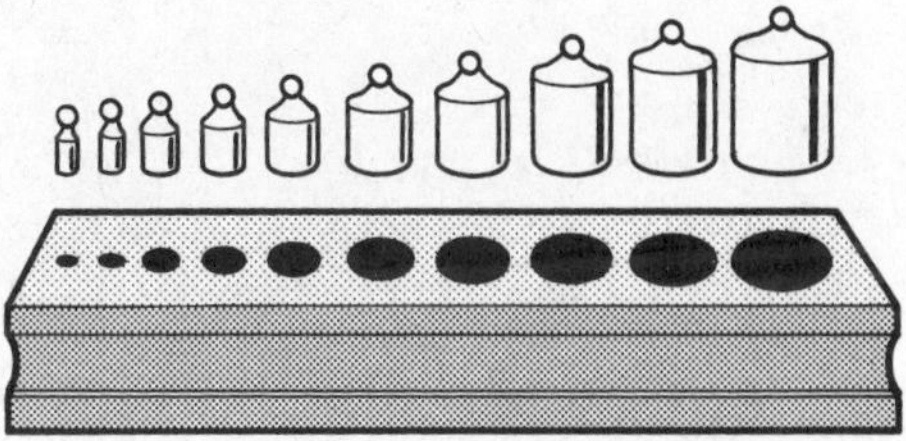

はめこみ円柱

木製枕木に10個の穴があり、
その穴に正確に合う円柱をはめこむ。

しめて、真の意味でモンテッソーリ教育を理解することになりますし、具体的な方法へ目が開かれ、自分の子どもから学びつつ教材やかかわり方を工夫できるようになります。

襖や障子をあんなに破ったのに、少し大きくなったら興味を示さなくなりました。

子どものこのような姿は、どなたも経験していらっしゃることでしょう。二つの例をあげてみましょう。

◆私の家に遊びにきているご近所のMちゃんは、毎日お豆をつまんで分けたり並べたりする遊びをしていました。ある日、小さな小さなクリップで挟む遊びをやりだしたので、私は洗濯ばさみを使う遊びをつくり、使い方を教えようとしました。ところが、力の入れ方がうまくいかず小さな指を挟みかかってしまいました。Mちゃんは、びっくりして洗濯ばさみを投げだし、まるでこわいもののように遠ざけました。私は、かわいそうなことをした、と申し訳ない気持ちになって、Mちゃんの目に触れないように教材棚の奥の方に隠すように置きました。

それから数週間たったある日、Mちゃんはなんだかやる気のない目つきでボンヤリと教材棚の前に立っていました。しばらく使い馴染んだものを見ていましたが、おもむろに棚の奥へ手を伸ばし、なんと、洗濯ばさみを取りだしたのです。あんなに見るだけで胴ぶるいするほどこわかった洗濯ばさみなのに、自分で奥へ手を伸ばして探しだしたではありませんか！　それからは、一生懸命に挟んだりはずしたりして集中する日々が続き、今まで使っていたものには目もくれなくなりました。

Mちゃんが、棚の奥へ手を伸ばしたあの日、ある段階を終了し次の課題に挑戦したいのに、「今日やりたいものがなくてつまらないなぁ」と思って、昨日まで使っていたものを見ていたのでしょう。

◆Nさんの三人のとし子が育ち盛りだったとき、Nさんの家の襖と障子は破れ放題で中の骨組みが丸見えでした。どの子もどの子も、襖や障子のちょっとした破れめを見つけるや、そこからビリビリ破り始めるので、もうお母さんは貼り直すのがおいつかなくなり、当分はそのままにしておくことにしたのだそうです。この三人が小学校の高学年のころは、もう襖も障子もきれいになっていました。

ある日、障子の貼り替えをするために紙を破り始めたNさんは「そうだ！　子どもたちはこれを破るのが好きだったっけ！」と思いだし、勇んで子どもたちを呼び集めました。「いらっしゃい！　さあ、障子を破ってもいいわよ！　思いっきり破っていいんだから！」といいました。Nさんは、三人の子どもが大喜びで破ると思い込んでいました。ところが、「破ってもいいの？」と心配そうにいって、そっと破りだしたのですが、すぐにあきて行ってしまいました。あんなに余念なく夢中に破った幼児期とはまったくちがったのです。Nさん、しみじみと「あることを特にやりたい時期があるのですねぇ」といっていました。

りますす。

三、「敏感期」という燃えあがる時期

このように、あることに対して特別に情熱を燃やしてかかわる短い限られた時期があります。

この不思議な時期のことをオランダの生物学者ド・フリース（一八四八〜一九三五）が発見しました。すべての生物は幼少期に、自分の将来に必要なことのために、あることへの感受性が非常に敏感になり、それを環境の中に見つけだし、強烈にかかわっていく特別の短い時期がある。そのことを獲得すると、その感受性は鈍感になり、また次のものへの感受性が高まるというのです。

ド・フリースはモンテッソーリに、動物の幼少期に見られるこのような事実が人間の幼児期に存在するのか観察してみるようにと勧めました。そこで、モンテッソーリは自分の目で子どもを観察し、突き止めた事実を次のように述べています。

子どもはその感受性が強い期間に、その知能の獲得をし遂げるのです。この強い感受性は、探照灯のように心内の一定の範囲を昼のように明るくします。……この感受性を基礎にして子どもは自分の周囲の世界との間に非常に強い関連をつくりま

す。この瞬間から子どもにとっては、すべてのものが生き生きした感激させるものになります。そうなると、どういう努力をしても、それが必ず自分の力の増大になります。この感受性の期間に、それが及ぶ範囲の能力の獲得がすめば、初めて無関心と怠惰のヴェールが子どもの心の上に覆いかぶさります。しかし、こういう情熱の一つが消えるか消えないかに、もう次の炎が点火されます。こうして子どもは次々と新領域を獲得していきます。……この感受期が過ぎ去ると、その後の能力獲得は、頭を使う活動、すなわち意志の力を用いての努力によらねば達成できません。

（『幼児の秘密』国土社）

モンテッソーリ教育の中で使われる「敏感期」という言葉は、モンテッソーリがド・フリースから示唆されて子どもを観察し、自分の目で確認した事実を語るときに用いた言葉です。それが語られ始めたのは二十世紀前半だったので、当時ではモンテッソーリ教育で使われる特別用語のような感じもありました。その後、二十世紀後半に入ると動物行動学や脳科学が、発達に関する膨大な研究の積み重ねを背景に「臨界期」「敏感期」「感受性期」という用語をひんぱんに使うようになりました。ですから、二十世紀後半以降に一般的になったこの用語とモンテッソーリ教育の中で出てくる「敏感期」という言葉とは、内実は同じですが、いささかのニュアンスのちがいがあります。

モンテッソーリ教育が「敏感期」というとき、それは燃え上がる命の輝きが特徴です。敏感期に今やりたいものを環境の中に見つけた子どもは夢中になります。真剣に熱心に顔を輝かせるのです。それが敏感期だからなのだと知っていれば大人は感動しますが、敏感期のことを知らなければ見過ごしてしまったり、苛立たしく思ったりするでしょう。だから、モンテッソーリが教えてくれた「敏感期」の子どもの見方を知っていれば得をします。

「敏感期」という言葉は初めて聞きました。「敏感期」ってなんですか？

　発育とか成長というと、とかく外にあらわれる経過で見ようとします。しかし、本当は、外から見える経過の内面にある、特別な感受性やエネルギーが重要なのです。生物の幼少期には、発育のある段階に、ある精力を強烈に使うようその生物に強制します。その、内面から押しあげてくる強い感受性で、生物は自分にとって必要なものを環境の中に見つけ、エネルギーを燃えあがらせ強烈にかかわり始めるのです。

　すべての生物にある幼少期固有の特別の生命力は、もちろん人間にもあるわけです。この人間の意志を超えてすでに最初から与えられていて、時期が到来するとあらわれる生命の大いなる力に着目し、教育に利用することを始めたのがモンテッソーリです。

　モンテッソーリは、子どもは「環境に恋をし」「環境と恋仲になる」と表現しています。恋をする人は、自分にとってもっとも大事なものを内面のひそやかな感受性でキャッチし、やがて愛が燃えあがると全力投球でかかわります。成長の過程にある子どもは、自分の成長にとってもっとも必要なものを内面の感受性で選び取り、かかわり始めるや、やがてそれに集中し没頭してしまうほどにエネルギーを燃えあがらせます。

恋をしている人が喜び輝いているように、「敏感期」の感受性にうながされて環境にかかわる子どもは、喜び輝きます。しかも、この環境と子どもの間に秘密に満ちた関係が成立すると、精神が不思議な成長をとげるのです。その喜びに満ちあふれる活動は、ある能力を獲得することにも結びついています。

ここで注目したいことは、子どもが「喜びにあふれて」精神的にも能力的にも成長をとげるということです。お母さんも先生も、子ども時代は、「苦しんで」学ぶよりも、「喜んで」学んでくれることを願っているはずです。

学齢期以上になれば、「困難を乗り越える苦しみ」を知ることは大切です。でも幼児期に「がんばりなさい！」と叱咤《しった》激励して苦しみに耐えることを強いると、生涯そのことがいやになることもあります。幼児期は、自然が「喜んで」学べるような力を与えてくれているのですから、その自然のたまものを利用すべきでしょう。

喜んで「敏感期」の恵みを生きた人の例を次にあげましょう。

◆Mさんは、音楽が大好き、ピアノがとっても上手、笑顔の美しい魅力ある幼稚園の先生です。Mさんの友達が私にこんなことをいいました。

「私、Mさんがうらやましい。Mさんは絶対音感があるからシャープやフラットがいくつある曲でも、すぐ楽譜にとれるんですよ。この間もね、研修会に一緒に行って帰ってきて数日たってから、私が『Mさん、あの研修会で使った音楽よかったねー。私あの曲を思いだしているんだけれども正確に思いだせないの。ひょっとしてMさん覚えてる?』と聞いたんです。そうすると、Mさん『ああ、あれね』といったかと思うと、その場で数日前に聴いた曲の楽譜を五線紙に書いてくれたんですよ」と。


私はMさんにたずねてみました。「あなた、いつ絶対音感を身につけたの?」と。そうすると、こんな話をしてくれました。

「四歳から小学校一年までの間にピアノの先生が、毎回レッスンの前にグループでカードを使って音をあてる遊びをしてくれたんです。先生が、ピアノをボーンと鳴らすと私たちが、その音の音名が書かれたカードを取ったりだしたりして遊ぶゲームだったんです。それが楽しくて楽しくて、いつも喜んでやっていました。そうやってたことが、気がつくと絶対音感が身につくことになっていたのです。今では、とっても楽しかった、という記憶しか残っていません」

三歳から七歳ぐらいの間は、聴覚の敏感期です。微妙な音の差異にも気がつくという一生に一回だけの時期です。微妙な音のちがいを区別していいあてるというゲームは、こんな自然からもらったその時期一回きりの特別に敏感な感受性を使える遊びなのですから、それをする子どもたちは嬉しくて楽しくて夢中になってやったのでしょう。そうやって楽しんでやったことが、友達がうらやむような一つの実力となり生涯の宝となったのです。

だとしたら大人が、幼児期にどんな「敏感期」があるのかをよく知っておいて、その時期一回きりの貴重な感受性とエネルギーを大いに使えるように子どものために工夫することは大切なことではないでしょうか。

第二章　子どもの「敏感期」

幼児期の子どもには、一生に一回きりの特別に敏感な感受性を発揮する「敏感期」という時期が訪れます。この「敏感期」になると、子どもは、環境から必要なものを吸収し、自分を創っていきます。その子どもの特別な感受性は、大人になるとなくなるので、大人にはしばしば理解できない奇妙な行動として目に映ります。大人にはなんでもないようなことにこだわったり、執着したりするので、「わからず屋」と叱りつけてしまいます。

お母さんが目くじらを立てて子どもを怒鳴りつけ、子どもと本気でけんかをしている場面は、どこででも見受けられるものですが、それは、敏感期のことを知らない大人が、自分の尺度で測れない不可解な子どもの行動に腹を立て、強引に親のいうとおりに動かそうとするからです。でも、子どもにとっても、内面から押しあげてくる生命力に導かれ、その時期にこそ、しなければならない自然からの宿題をしているのですから、そうかんたんに、ゆずることはできません。そこに、大人と子どもの本気の争いが始まります。

もし、「敏感期」の行動なのだとわかっていたなら、子どもの関心と生命力をそこに見出し、見守ったり、ほほえんだりできるでしょう。さらに、そのとき内面からわきでる強烈な「敏感期」のエネルギーを、子どもの成長のためにより適切に方向づけてあげることができるのです。そのためにも、幼児期の代表的な敏感期について知っておきましょう。

一、《秩序感》の敏感期

三歳の子どもがちょっとしたことにこだわったり、大泣きしたりすることがあって、困っています。強情なのでしょうか？　反抗期なのでしょうか？

ちょっとしたことで、今まで機嫌よくしていた子どもが、急に泣きだしたり、ごねたりして、どう対処してよいかわからず途方にくれてしまった経験をおもちのお母さんは多いでしょう。「反抗期」だなんて勝手にきめつけないでください。むしろ、子どもが、そのような反応をする場合は、かならず原因があるのですから、原因を探してみる習慣を身につけましょう。

モンテッソーリは、子どもの不機嫌な反応は、敏感期にある子どもが何かに強い興味や関心をいだいたにもかかわらず、大人の鈍感さによってその興味が断ち切られたときにあらわれるのだ、と説明します。

そのことを、「《秩序感》の敏感期」ということばで説明しましょう。

生後数か月からあらわれて二、三歳ごろをピークとし、六歳ごろにはほとんど消えてしまう、「秩序感」という神秘的な感受性をもつ時期があります。

・いつも決まった〈順番〉どおりでないと気がすまない。

・いつも同じ〈場所〉でないといやだ。

・「これは私のもの！」「これはパパのもの！」「これはママのもの！」などと、〈所有物〉がちょっとでも入れかわると怒る。

・「いつもやってるようにしてぇ」と、平素と異なるやり方をすると怒りだす。

というふうに、この時期は「順番・場所・所有物・習慣」などに、非常にこだわります。人生のごく初期に秩序への神秘的な敏感さがあることを発見し、その特別な感受性を「《秩序感》に対する敏感期」と名づけたのはモンテッソーリです。

彼女によれば「秩序感」の発見はコロンブスの卵みたいなもので、いわれてみれば、だれもが体験しているごくふつうの、小さな子どもの不思議な行動です。

それは、自然が子どもに、この世界に生きていくための羅針盤を手渡す時期だといえます。自然が子どもに秩序への敏感さを植えつけて、さまざまな事柄の間にひそむ関係を気づかせる、最初のステップなのです。内部にめばえるこうした感覚によって子どもは、自分を取り巻く環境全体を一つにまとめたり、全体の中での部分の相互関係を理解できるようになります。こうして、子どもは秩序感をコンパス（羅針盤）として、世界の中で混沌に溺《おぼ》れず生きていけるのです。

「この子のこの状態は『《秩序感》の敏感期』のせいだ」と、お母さんが知っているのと知らないのとでは、子育ての過程で大きなちがいがでてきます。

Kさんは初めての子育てのとき、「秩序感のことを知っていてよかった。もしも、秩序感のことを知らなかったら、子どもの不可解な行動に困りはてることがたびたびあったでしょう。育児ノイローゼになる人の気持ちがよくわかります」と話しておられました。

Kさんが「秩序感について知っていてよかった」というのは、たとえば次のようなことです。

「いつもの道じゃないから……」

あゆちゃんは、保育園へ行く途中でかならず次のことをします。家をでると、すぐ近くにあゆちゃんの背の高さほどの交通標識があります。まずこの金属製の標識を手でバンバンと叩《たた》きます。次に、川沿いのフェンスから石を川にポトンと落とします。その次は、いつも塀の下から顔をのぞかせている犬にごあいさつをします。ママが、「今日は遅刻しそうだから」と思って近道の別の道でもとろうものなら、もう大騒動！　大泣きされて、あげくのはては、また家に戻って、いつもの道を通り、標識をバンバン叩き、石を川へ落とし、犬にあいさつをする、ことになるのだそうです。

もしもママが《秩序感》のことを知らなかったら、「今日は、ママが急いでいるのだから、こっちの道でがまんしなさい！」と叱りつけて強引に近道で行ってしまうでしょう。

でも、たったこれだけのことでも、子どもの心の傷はその夕方までも癒えず、グズグズした状態が続き、その子どもの状態にママは、ますますいらいらする、という悪循環になってしまうのです。

「あゆちゃんのうんこがない！」

あゆちゃんのママは私の同僚で、その日は九時から私のクラスでスライドを見せてくれることになっていたのに、四十分も遅れて到着しました。次のようなわけです。

ママは「今日は、いつもより少し早めに行って準備をしなければ」と朝からなんとなく忙《せわ》しい気分でした。そんな今朝にかぎって、さあでかけよう！　と靴を履き終わったとき「ママ、うんこ」。これは困った！　と思いつつママは、「さあ急いで！」とあゆちゃんをトイレへ連れて行きました。トイレのドアの外で、いらいらしながら待っているママの気持ちにはおかまいなく、トイレの中からのんびりした歌声が聞こえてきます。歌をうたいながら、ゆっくりと用をすませたあゆちゃん、「ママ、でたぁ」と機嫌よく中から呼びました。あぁ、やっと！　と、ほっとしてママが飛び込むように中に入ると、長くかかったはずです。あゆちゃんはたくさんのうんこをしていて、くさいこと！　ママは、思わず手を伸ばし、ザーッと水を流しました。

すると突然、あゆちゃんがギャーと泣きだしました。「あゆのうんこがなーい！」と大泣きしているのです。

そういえば、あゆちゃんの保育園では「どんなうんこがでたか」を報告させるので、あゆちゃんは、毎日「きょうは、えびさんみたいなうんこ」などと、まず観察します。それから自分で水洗のハンドルを押して水を流し、「バイバーイ」と流れていくうんこに手を振る習慣がありました。

ママは、すぐに自分がやったまちがいに気づきました。

「しまった！　いつもの順序を私がくつがえしてしまった！」

子どもの秩序感を大切にすることを心がけながらも、つい大人のペースで、それを無視してしまい、そのたびに反省するママですが、今日もあゆちゃんの秩序感と無関係に行動してしまったことに気づきました。

そこでママは、その場に座り、心から「あゆちゃん、ごめん！　ママ、わるかった」と謝りました。まだまだ泣くのがおさまらないあゆちゃんに、ママはていねいに「ママ、どうしたらいいかしら？」とたずねました。するとあゆちゃんは、ひくひく泣きながら「ママ、うんこして」といいます。「ママ、今、でないの。ごめんね」……結局このようなやりとりで、四十分も遅刻してしまったというのです。

大人が「今日は急いでいるから」と、子どもの習慣を無視して子どもが自分でするはずのことを大人が手早くやったばっかりに、かえって四十分も遅れることになってしまったわけです。

そして、まだ続きがあるのです。

その夕方、ママが保育園にお迎えにいくと、あゆちゃん、ママの顔を見るなり「ママ、うんこでる?」というではありませんか。それから家に帰って仕事をしていても、ママがトイレに行くと必ずついてきて「ママ、うんこでる?」と聞くのだそうです。そこへパパが会社から帰ってきて、その話を聞き、「ああ、そう、ちょうどよかった、あゆちゃんいらっしゃい。パパ、うんこに行くよ」とさそってくれたのですが、「ママじゃないとダメッ!」だというのです。そしてやっと翌朝、無事解決しました。

子どもは、トイレでいつもやってる順序をふみ、〈習慣〉どおりにするという「秩序感」が無視されると、それが大人にとって小さなできごとであっても、丸一日(二十四時間)もこだわるのです。

「子どもにとっての秩序は、私たち大人が家を建てる地盤か、魚がその中で泳ぐ水に相当します」とモンテッソーリはいっていますが、子どもにとってはまさに「家の地盤」に相当する問題なので、「たかが通園路の近道」「たかがトイレの水」ではないのです。大人にしてみれば、「たかが〇〇で大騒ぎして」とぶぜんとしたくなるものですが、子どもにとっては「魚にとっての水」くらい大事な問題なのです。このことを知っているのと、知らないのとでは、大人の「腹の立ち加減」もちがってくるでしょう。
もう一つの例で、それを考えてみましょう。

「たかが座布団一枚で……」

あゆちゃんはその数日間お腹をこわし、水分以外は口にしてはいけないことになっていました。そんな日が続いたある夜中、か弱い声で「ママ、ブーブー」と水気を求めました。ママは、大急ぎでお茶をもってきて飲ませ始めました。「お腹がすいているのだろう。かわいそうに」と、いじらしく思いながら抱っこして飲ませていたときです。うっすらと目を開いて飲んでいたあゆちゃんが突然、ギャー！　と泣きだしました。ママは、びっくりして、「どうしたのだろう？」とあわてました。パパも驚いて目をさまし、心配し始めました。二人で「どうしたのだろう」といろいろ考えるのですが、わかりません。

たぶんお腹がすきすぎているのだろう。お茶では、もの足りないのだろう。りんごの汁なら満足するかもしれない。若い夫婦はありったけの憶測をはたらかし、パパが台所に行ってりんごをすり始めました。あゆちゃんの泣き方は激しく続きます。パパがりんごをすりおろし搾《しぼ》った汁をもってきました。飲ませようとしますが全然受けつけません。弱ったからだで激しく泣き続けるので、ひきつけたようになり苦しそうです。パパとママは、もう心配で心配で、「これはきっと、お腹の故障が悪化したのだ」と思い始めました。そして救急車を呼ぼうということになりました。二人の間でその話がまとまりかかったころです。泣き疲れて、あゆちゃんの泣き声は少し下火になり、何やらつぶやいているようです。ママが耳を寄せてよく聞いてみると、あゆちゃんは布団の片側に目をやり「ちがう」といっているのです。

ママは、ハッとしました。毎夜、布団を敷くときに、あゆちゃんがゴロゴロ布団から転がりでることがあるので、敷き布団と壁の間に座布団を三枚敷きつめることにしています。ところが昨夜パパが、テレビを見るとき、枕がわりに一枚失敬していったまま元にもどすのを忘れていたのです。あゆちゃんはお茶を飲みながら、ふと見たらいつもとちがうので、秩序の狂いが気になったのです。

ママは、やっと問題の原因がわかりました。「パパ！　その座布団をもってきて！」と叫びました。パパは、お茶と関係ない「座布団！」といわれておもしろくなく、無造作に向こうの部屋から投げてくれました。ママは大急ぎで、抜けていたところにその一枚を置いたのですが、あわてていたので裏返しにしました。そしたら下火になっていた泣き声がまた上昇しました。ママはふたたびあわてて、いつものように表向きに敷き直しました。

すると、どうでしょう！　あゆちゃんは、ピタリ！　と泣きやんだのです。そして、「ブーブー」といい、りんごの汁をママが飲ませると、おいしそうにゴックンゴックンと飲み始めました。泣き疲れたあとだけに、よほどおいしかったのでしょう。エヘエヘ、と笑い、ごきげんさんです。パパはもうあっけにとられてしまいました。そして、「たかが座布団一枚でさわがせるなよ」とぶぜんとして向こうを向いて寝てしまいました。

（京都市　北尾美智江さん）

もしもママが、秩序感のことを知らなかったら、ひょっとしたら救急車を呼んでしまったかもしれません。小さな子どもの心の中の苦痛の原因を、知っているか知らないかで、大人は子どもに対して敵対関係に入るか、よき援助者になるかのちがいがでてきます。モンテッソーリが『幼児の秘密』という本に書いている次の言葉を知っておくことはたいへんためになります。

おとなは、自分の手近に暮らしている小さい人の心の中の深い秘密を、あまり知らなさすぎます。しかし子どもというものは、おとなにわからない心の要求を満足させながら生活したがる者だという指摘をしただけで、おとなはそれに気づき、子どもがそんなときにあらわす特殊の感情を識別するようになります。

幼児たちは、特色ある整頓好きの傾向を見せます。一歳半から二歳までで、彼らはたといばくぜんとした形にしろ、すでに身辺の秩序への欲求をはっきりあらわします。幼児は乱雑の中で生活しえないのです。乱雑は苦痛を引き起こし、やけに泣くか、時にはほんとうの病気の症状を呈し、継続的興奮状態になってあらわれます。幼児は、おとなや大きい子どもが気にとめない秩序のくるいにすぐ気づきます。

…………（中略）

秩序感の時期が、生後数か月以内に始まりますから、おとなはよほどの注意を払わねばなりません。

二、《感覚》の敏感期

思いがけないことを言ったり、することがあって、驚いたり、あきれたり、感動したりしています。どうしてでしょう？

ある二つの幼稚園の母の会で、夏休みに入る前に、お母さん方に宿題をだしました。次のようなテーマです。

子どもが思いがけないことをいったり、しているのを見かけたらそのことをまず、お母さんの心に書きとめてください。もしも時間のゆとりがあったら、この紙に書いてください。

一つの幼稚園では、四月・五月・六月・七月と四か月にわたり月に一回ずつ、お母さん方に「子どもの見方」についてお話をしていました。もう一つの幼稚園では一回も話しませんでした。

夏休みが明けて提出されたレポートは二つの園でまったく質がちがいました。毎月お話をした方の幼稚園のお母さん方は、ギッシリと書いていて、それは、「感動した！感心した！　驚いた！　あきれた！　不思議だった！」という言葉に満ち満ちていました。じつに素朴な日常生活のことなのに、お母さんがよく気づいているのです。

たとえばこんなことです。

私が洗濯物を干していると、そばで、洗濯ばさみを入れている空缶のかたわらでおとなしく遊んでいます。見ると、缶の縁に洗濯ばさみを、色別に順序を変えていろいろ挟んでいます。最後は、それを冠のように頭にのせて満足そうにしていました。

もう一つの園のお母さん方は、口をそろえたように、次の二項目が文中にありました。

一つは、

夏休み中、この宿題のこともあったので、注意して子どもを見ていましたが、特に「これ」といった書きとめるほどの行動もありませんでした。

ということなのです。

もう一つは、

私は、この子に、豊かな感性をもつ子になってほしいと思っています。

思いやりのある子どもになってほしいと思います。

あるいは、

私は、子どもの心が理解できる母親でありたいと願っています。

心やさしい子どもに育てたいので、そのためには私自身がおおらかな心で子どもを見守っていきたいと願っています。

というふうに、「……なってほしいと思う」という子どもへの期待と、「……ありたいと願う」という自分の願望が、かならずどこかに書いてあるのです。

この二つの園のお母さん方の見方は対照的です。

前者の「子どもの見方」がよくわかっているお母さんは、子どもへの期待や自分の願望を書くよりも、すでに「感性豊かに今を生きる」子ども特有の生き方をあたたかく見守り、「今の子どもの心を大切にする」おおらかな母親として生きています。

後者のお母さんは、期待と願望をもつだけで、それが実現している「今」「目前」の大切なことをとり逃がしています。

後者のお母さんが期待し、願望したことは、前者のお母さんにおいて実現しており、それをわざわざ文章に書いたお母さんは、その実現の機会を逃しているのです。

この相違を見たとき、私はつくづくと子育てをするお母さんが「子どもの見方」を知っておくことの大切さを感じました。

たとえば、机の上に一匹の虫がいるとします。ふつうの人は、ただボンヤリと「ああ虫がいる」と見ているでしょう。ところが、虫の専門家だったら、その虫の動き方や形などに深い関心をもって見守り、同じ五分間でも、その虫から得ることは全然異なるでしょう。

子育てをしているお母さんは、幼児期特有の行動や感受性をよく知っている人、幼児期特有の不思議な行動をする意味をわかって、見守ってあげることのできる人、その意味での「子どもの専門家」であることが必要でしょう。

そんなことをいうと、「私は、専門職なんて無関係ですから……」とか、「そんな無理な！　私は理数系の出身ですから、子どもの専門家なんてなれません」とか、ほとんどのお母さんは、しりごみしてしまうかもしれません。

でも、むずかしく考えないでください。前にあげたように、小さな子どもが「今」「目前」でしている、大人には理解しがたい行動を「まあ、まあ！」とあきれ、「なぜ」と思うだけでいいのです。そこから、「子どもの専門家」への道が開けるのです。

見るゆとりもなく「なんですか、こんなことして！」と一喝したり、「早くしないと、もう塾の時間ですよ！」と、大人の見方を基準にして子どもを支配していると、ますます子どもの行動を理解できなくなり、「子どもが何を考えているのかわからない」と深刻に悩まねばならない時が遠からずやってくるかもしれません。

子育てをするお母さんが子どもを正しく理解できるよう、これだけは知っておきたい、幼児期の重要な「《感覚》の敏感期」について述べましょう。

特別に感じやすい時期

人間は、「見る・聴く・嗅ぐ・触れる・味わう」という行為をし、その際に、「目（視覚）・耳（聴覚）・鼻（嗅覚）・皮膚（触覚）・舌（味覚）」という感覚器官を使います。かんたんにいえば、目、耳、鼻、皮膚、舌を使って、人間の外側にあるものを自分の中に取り入れることです。感覚器官から環境刺激を受け入れ、その刺激が脳に伝えられます。そして、脳から今度は運動器官に伝わります。

これら、「視覚・聴覚・嗅覚・触覚・味覚」は人間が外の世界と関係をもつ大切な窓口です。この大切な窓口が、完成し洗練されるのは三歳から六歳です。

三歳から六歳の時期に、

・視覚
・聴覚
・嗅覚
・触覚
・味覚

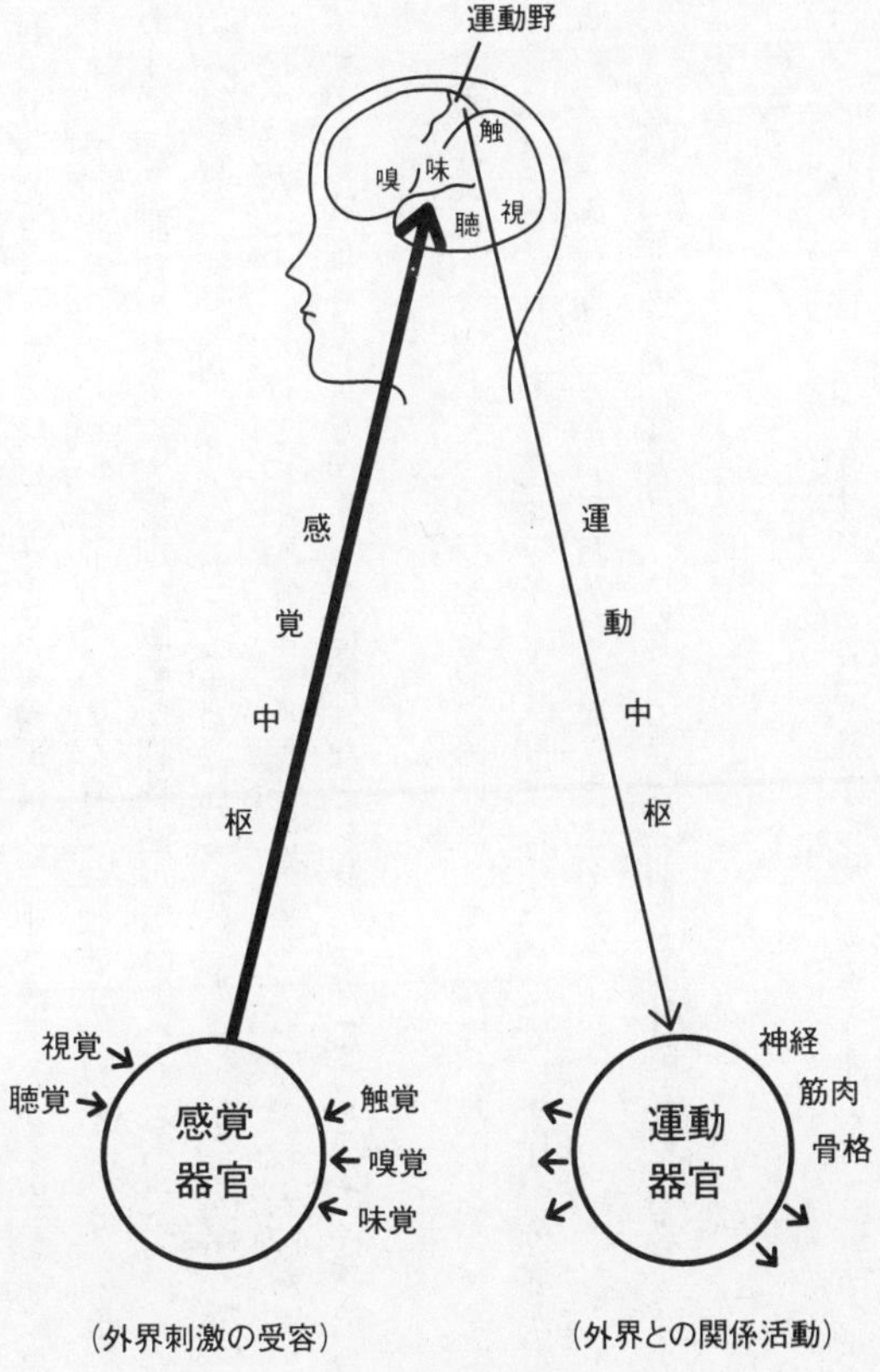
運動野
触
嗅
味
視
聴
感覚中枢
運動中枢
視覚
聴覚
触覚
嗅覚
味覚
感覚器官
神経
筋肉
骨格
運動器官
（外界刺激の受容）
（外界との関係活動）

図３　入力は五感

の一つひとつを、使うことによって、それぞれの器官を完成し、その器官のもっている機能を洗練します。たとえば、子どもは身近にある小さなものを一生懸命に見つめながら、わずかな形や色のちがいを見分ける力を身につけます。だから、この五つの感覚をよりよく使う訓練のために、特別に敏感な感受性が内面に生じるのです。

この「《感覚》の敏感期」は、一生に一回きりの感覚をすばらしく洗練していく時期です。この時期に、一つひとつの感覚をよく使い洗練することが、将来において高い専門性・すぐれた芸術性・デリケートな道徳性などを身につけることのできる土台をつくることになります。

それはたとえば、すぐれたカメラを作るためには、まず精度の高いレンズをみがくことが必要なように、すぐれた感性をもった人間になるためには、まず、外界から感じとる感覚を、この敏感期にみがいておかねばなりません。

このような「《感覚》の敏感期」にいる子どもの行動を具体的な例で見てみましょう。

見る（視覚）

私はマンションに住んでいます。ある日、外から帰ってきますと、ご近所の小さい子どもたちが、「ワーイ、さがら先生が帰ってきたあ。遊びに行こう！」と私の前を通りこして、うちのドアの方へと走りだしました。私は、小さな子どもたちが遊びにきてくれるのが嬉しくて、うしろからニコニコ笑いながら歩いていました。すると、急に子どもたちが申し合わせたようにパッとしゃがみ込みました。私はびっくりしました。何ごとが起こったのだろう？　と急いでおいつくと、まあ！　子どもたちは、みんなで小さな虫を見ているのです。私はおかしいやら不思議やら……。

子どもたちは「めざすは、さがら先生のおうち！」とばかりにうちのドアの方を見て走っていたはずなのに、足元の小さな一匹の虫を見つけたとたん、みんなでしゃがみ込んだのです。ということは、子どもたちの目には、足元の小さな虫がちゃんと見えていたのです。なんとも不思議な敏感さをもっているものです。

聴く（聴覚）

Tちゃんは、団地の中に住んでいます。ある日、棟と棟の間に不思議な空間があるのを発見しました。大きな声をだすと大きな声が、小さな声をだすと小さな声が、どこからか同じように聞こえてくるのです。それが、とても不思議でおもしろくて、お友達と連れだって行ったり、ひとりでも行って「あ〜〜」とか「は〜〜い」と叫んでは喜んでいます。

そのことを私が学生たちに話したら、たくさんの学生が「わたしもトンネルの中で声をだすのを楽しんだ」とか「こだまがかえってくる場所を知っていて、そこに行くとかならず大声をだした」といっていました。

かすかな音や、わずかな音のちがいにとっても敏感なこの時期の子どもたちは、みな同じようなことを楽しんでいるのです。自然からもらった特別の鋭敏さで微妙な音の差もキャッチする貴重な聴覚の洗練の時期です。絶対音感が身につくのはこの時期だけなのです。

嗅ぐ（嗅覚）

Yさんは、小さいころ、ママが「洗ってもいい？」とたずねないでタオルケットを洗ってしまうと泣いて怒りました。「そのとき私は、自分のにおいがせっかくついているのに、そのにおいがなくなってしまうのがとても淋しかったからです。今でも、そのときのことをよく憶えています」といっています。

ボロボロになったぬいぐるみを後生大事に抱え込む子や、きたないタオルをけっして手放さない子をよく見かけますが、においが関係しているようです。敏感な嗅覚は、やがて大人になったとき、物質的な嗅ぎ分けだけでなく精神的な嗅ぎ分けの敏感さにも連なるので、懐かしいにおい、好きなにおいなど、大切にしてあげたいものです。

触れる（触覚）

私が、ある母の会で「触覚の敏感期にいる子どもは、ツルツル、スベスベ、ザラザラ、つめたい、あったかい、ふわふわ、など肌ざわりを楽しむ」のだということを、いろいろな事例を使って話したときのことです。そのあとにひとりのお母さんがこられて、こんなことをいわれました。

「今日のお話を聞いて安心しました。じつは四歳の長男のKが、毎朝、毎夜、私が洋服を着替えるときにサッとやってきて、私のスリップをさわるのです。私はなんだか気味悪くて、それに『まあ、この子、少しエッチなのかしら？　こんなことして楽しんで……』。先が案じられるわ』って心配になってひそかに悩んでいたのです。でも今日のお話を聞いて安心しました。触覚の敏感期でスリップのスベスベを楽しんでいたのですね」

Kちゃん、ママがわかってくれてよかったこと。「エッチ」だの、「先が案じられる」だの、とんだ疑いをかけられるところでしたね。

味わう（味覚）

Tちゃんは、鮮度が落ちたお魚のお刺身は食べません。ママは、「小さいくせにぜいたくだ」と怒ります。でも小さいからこそ、ちょっとした味のちがいに気づくのです。Kちゃんは、旬の野菜を食べるとき「ママ、あまーいね」などと味わっています。このように、味覚の敏感期にいるので、この時期に「おいしい！」と思ったものは一生その子にとって好きなものになります。学生のSさんがいっていました。

「私は母がつくってくれるおにぎりとハンバーグがとても好きです。小さいとき、母がお弁当に入れてくれた味だからです。幼稚園で、それが食べたいために、お弁当がとても待ちどおしかったのを今でも憶えています」と。

この時期に「おふくろの味」を知るのです。お母さんの塩加減や手の味が敏感な味覚にわかるからです。そして、この時期に味わったお母さんの手づくりの料理の味が「おふくろの味」として味覚の記憶に残り、一生涯その人の心をあたためるのです。だから、この時期の子どもをもつお母さんは、できるだけ自分の手で工夫して料理をするようにしましょう。

私は母の会でのお話で、かならずこのことに触れるのですが、最近おかしな現象に出合います。味覚の敏感期の話の中で「『おふくろの味』をたっぷり味わった人は、味のある人になります。だから、お母さん、レトルト食品をチーンといわせるだけや、できあいのご馳走ではなく、なるべく、お母さんの手を加えてくださいね」

そういいますと、数年前までは、どのお母さんも「わかった。手料理をがんばって食べさせましょう」というようなやさしい顔つきでうなずいてくださいました。ところが、このごろは、この話をすると一瞬お母さんたちの顔が曇ります。「この先生は、気にくわないことをいう」と、不満そうににらみつけるような、こわい顔をなさる方もあります。手づくりの料理を小さいわが子のために、がんばってつくろうと思うよりも、「不可能なことを要求する」と思うお母さんの数の方が増えたのを感じさせられるこのごろです。

三、《運動》の敏感期

まだ小さいのに、自分のからだよりも大きな荷物を持ちたがるのですが……。

目、耳、鼻、皮膚、舌などの「感覚器官」によって情報を受け取ると、それは感覚中枢を通って「脳」に伝えられます。脳は、受け取った情報にもとづいて運動中枢を通して「運動器官」に指令をだします。指令を受けた「運動器官」が、外界に働きかけます。「運動器官」とは、随意筋肉、神経、骨格などからなりたっていますが、ここで注目しなければならないのは「随意筋肉」です。

人間のからだには四百あまりの、大小さまざまな筋肉があります。これらが二百いくつかの、骨と骨をつなげる骨格や臓器に付着していて、伸びたり縮んだりするという働きをします。その筋肉には、「随意筋肉」と「不随意筋肉」の二種類があります。

随意筋肉とは、手や足についている筋肉のように、自分の意志によって動かすことができるものです。手や足を動かそうと思ったとき、その意志にしたがって、そこの筋肉を動かすことができるという「随意運動」に関係しているわけです。不随意筋肉とは、胃や腸などにある筋肉のように、ひとりでに活動して、自分の意志ではどうにもできない筋肉です。

三歳ごろになると、自分の意志がはっきりしてきて、子どもは「自分が主人公」「自分の行動の主人公」になりたいと思います。すなわち、自分の意志どおりに目的に向かって動きたいと思っているのです。

つまり、この時期は、自分の意志を使って、自分の思いどおりに動かす随意筋肉を訓練する時期なのです。随意運動がよくできるようになるために、強烈なエネルギーを発揮するときでもあります。

この時期には「運動」に関連するいろいろな特徴があります。

・「ありとあらゆる《動き方》」を身につけようとする。
・そのために「どう動けばいいか」に強い関心をもち、人の動きを真剣に見ている。
・《動き方》を身につけるために精一杯努力する。

この時期は、一生に一回だけ人間が全力をだし切ることをけっしておしまないというめずらしいときなのです。この時期を過ぎると、人間は常に力を倹約する方に働き、なるべく「ラクをしたい」と願い、動かないですむような工夫をこらす時期に入ります。

さて、「ありとあらゆる《動き方》」の内容をおおまかに区分すると、次のようになります。

①大きな動き（からだ全体を力一杯動かす）
②バランスをとる（線の上を歩いたり、重いものを持ったりする）
③手腕を使う（手首や腕を使って何かをする）
④指先を使う（手先を使って小さなことをする）

このような「《運動》の敏感期」にいる子どもの行動を具体的な例で見てみましょう。

大きな動き（からだ全体を力一杯動かす）

「子どもってよく動きますねー。休みの日なんか、家の中で一日中動きまわられると、もう夕方には、こちらの頭が変になりそうです」と嘆くお母さんによく出会います。とにかく、子どもの動き方は、エネルギッシュで大人とはケタがちがいます。動いて動いて動きまわるのが、三歳から七歳の子どもです。思うぞんぶん、走ったり、ひっくり返ったり、飛んだり、跳ねたりして、力をだし切ることを少しもおしみません。

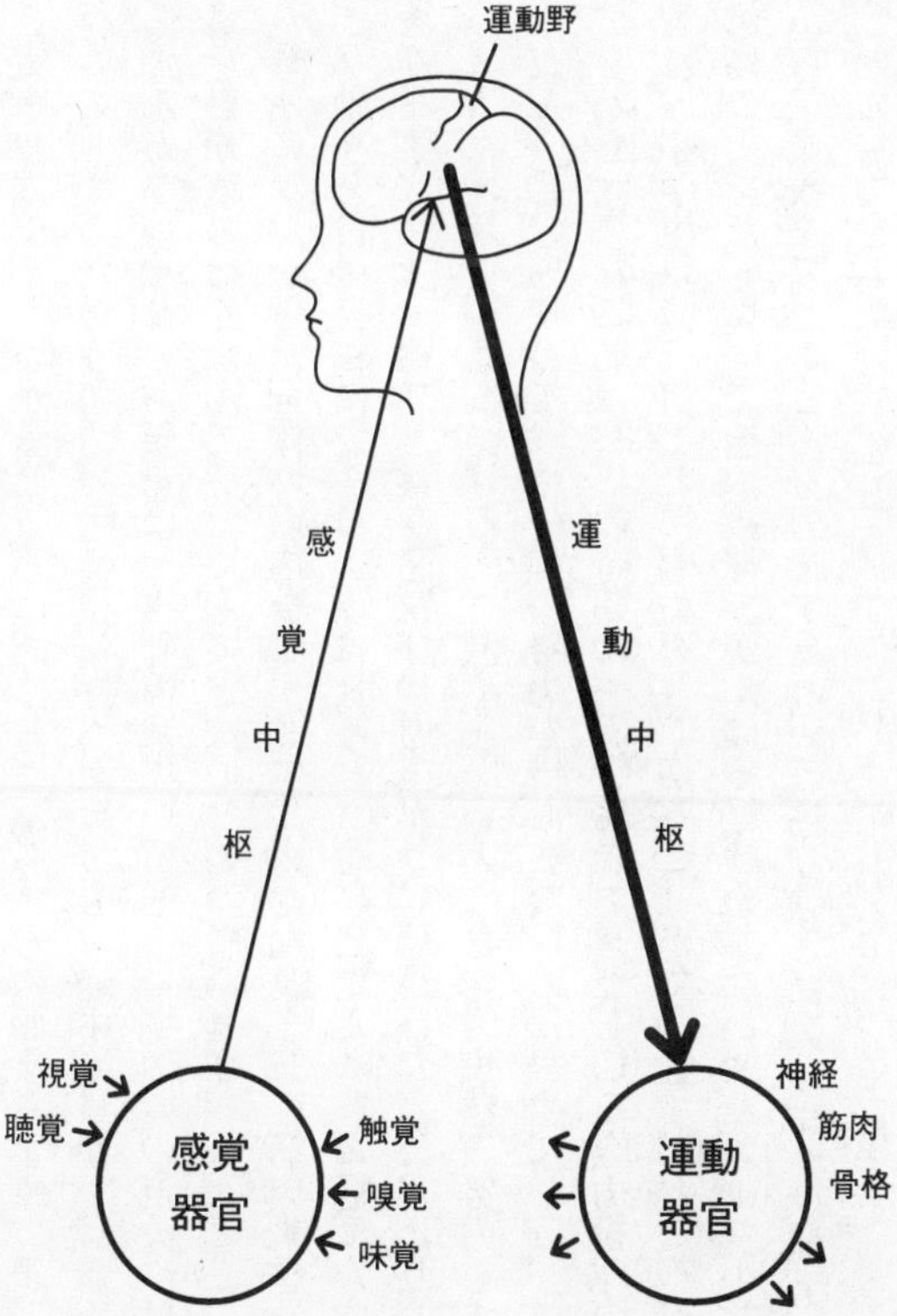
運動野
感覚中枢
運動中枢
視覚
聴覚
感覚器官
触覚
嗅覚
味覚
運動器官
神経
筋肉
骨格
（外界刺激の受容）
（外界との関係活動）

図4　出力は運動

たとえばYさんは、小さいとき、自転車に乗れるようになったのが嬉しくて嬉しくて、なんと電車で二十分もかかるところにあるおばあちゃんのおうちまで、子ども用の自転車で行ってしまったそうです。大学生になった今でも、途中の景色や、着いたときのおばあちゃんがびっくりした顔をはっきり憶えているそうです。今の自分には、あんな遠い距離を自転車で行くなんて、とてもできないといっています。

この時期には、からだ全体の筋肉を動かして、大きな動き方の筋肉調整をします。この大きな動きを自由自在にできるようになると、急に自信がついて態度が堂々とすることがあります。タイヤ跳び、跳び箱跳び、逆上がり、縄跳びなどで、より高度な目的に向かうような環境を整えてあげると、涙ぐましいような全力投球の努力をするものです。からだを一〇〇％使って、精一杯の努力を惜しまないのは一生に一回、この時期だけです。しかも大事なことは、この時期に一〇〇％の力をだし切る全力投球の経験をした子どもは、小学生以後、何ごとにも力をだし切ることができます。ところが、幼児期に一〇〇％の力をだし切って全力投球でがんばる経験をしなかった人は、小学校以上になってから、最後までとことん努力をするという粘り強さに欠けます。能力はあるのに、一〇〇％の努力をしないで、「もう、ここらでいいわ」と切りあげてしまいます。

結果的には、最後まで粘って努力を放棄しなかった人の方が、能力的にすぐれていると思われている人よりもよい成果をおさめることになります。

だから、この時期にからだの全部を使いこなして、「大きな動き」をし、とことん挑戦したり、乗り越えたりする経験をさせましょう。

昔は、ほうっておいても子どもは、そんな経験をするものでした。ところが、現代のように、道路も庭も家屋も狭く危険に満ちていると、子どもだけでは、思いっきりからだを使い切るような遊びや機会をつかむことはできないのです。今は子どもが健全に育つには適さない生活環境であることを大人がわかって、子どもが「大きな動き」をすることができる状況を大人が意識してつくる努力をしなければならない時代であることを自覚しましょう。

バランスをとる（線の上を歩いたり、重いものを持ったりする）

〈均衡感覚〉

ご近所のHちゃんは、目がぱっちりした絵のように可愛い顔をした素敵な坊やです。この坊やは、ひとところ、いつ行ってもかならず両方に把手《とって》のあるホーローのおなべを持って玄関にでてきました。ママが苦笑して「この子は、なぜかこのおなべが好きで、こうやっていつも持って歩くのですよ。将来、調理師にでもなるのでしょうか」と。

Hちゃんが大きくなって、もうおなべを持って歩くこともなくなったころ、下に弟が生まれました。その弟が四歳になったころ、私が用事があってその家に行くと、まあ！ちゃんと両手であのホーローのおなべを持って玄関におでましなのです。お兄ちゃんが、そのおなべを両手でしっかり持って歩いていたときは、まだこの世に存在していなかったのに、ちゃんとそのおなべを見つけ、お兄ちゃんと同じように持ち歩くとは。

これは、何を意味しているのでしょうか？

この時期の子どもは、重いものを持ちたいのです。すなわち、重さと自分との均衡関係を保ちつつ歩くのが好きなのです。均衡感覚を身につける敏感期です。Hちゃんのお家のホーローのおなべは、子どもの手にちょうどよい把手があり、大きさ、重さともに、この敏感期の子どもにとって成長を助ける最適の教材となったわけです。

学生たちにこの話をしましたら、おもしろい話がつぎつぎにでてきました。

◆近所の子どもがいろいろ重いものを持ちあげて遊んでいたので、私が「ちからもちね」ってほめてあげたら、調子にのってつぎつぎにそこいらの三輪車を持ちあげるのです。

◆私は小さいとき、母の買物についていき、かならずキャベツやかぼちゃなどが入った重い方の袋を持って帰りました。

〈平衡感覚〉

私の通勤路は、歩道と車道の境がレンガで仕切られています。その道を通って幼稚園児たちが通園していますが、わざわざこの細いレンガの上をバランスをとりながら歩いている子どもがたくさんいます。その子どものリズムに合わせてあげているお母さんと、「危ないからやめなさい！」「ほら、サッサと歩きなさい」などといって引き離し、手をぐいぐい引っぱっていくお母さんがあります。

せっかく、〈平衡感覚〉を身につける絶好の機会を見つけて練習しているのに、と残念に思うことがあります。

バランス感覚を身につけるのは四歳前後だとモンテッソーリはいっています。重いものを持ったりしながら〈均衡感覚〉を、線上を曲芸して歩いたりしながら〈平衡感覚〉を身につけるのです。そんな経験ができる材料を子どもは素早く環境の中に見つけ、すぐに挑戦します。せっかく貴重な訓練を始めたのですから、危なくない限り見守ってあげましょう。

一生に一回きりのバランス感覚を身につけるこの時期に、そうやって訓練しているのです。この機会を逃すと、すぐぶつかったり、頭をうってコブをつくったり、ぎこちない動きをするようになってしまうのです。

手腕を使う（手首や腕を使って何かをする）

現代の家庭生活の中では、腕を使ってする仕事が非常に減りました。昔は、家庭での主婦の仕事は、腕を使うことばかりでした。ほうきではく、雑巾がけをする、手でごしごし洗濯する、大きな洗濯ものを両手で絞る、薪《まき》を割る、のこぎりを引く、うちわであおぐ……。

これらの仕事は今ではすべて電化製品がしてくれます。お母さんは、スイッチを押すかハンドルを回すだけでよくなりました。〝二の腕を使ってたくましく働く母ちゃん〟のお尻にくっついてまわり、お母さんがしていることを見ながら自分も手や腕を使って遊ぶ子どもの姿は、もはや昔のものとなりました。

こうした姿が日本中に見られなくなったころから、日本の中にかつてなかった子どもの病気やケガが目立ち始めたと小児科医たちがいうのを聞きました。

　子どもの心身症や、転んでも手をだしてからだをかばわないので奇妙なケガをする子が多くなったというのです。こういったことは、昔はなかったものです。これは、子どもが腕を使ってたくましく何かをする機会がなくなったことによるものです。腕を使うことは、子どもが健康であることと深く関係します。


　O先生ご夫妻はスポーツクラブの経営者兼指導者で、あちこちの幼稚園に出向いて指導をしています。ご主人先生は外で大きな動きやバランス等を取りまぜた運動を順序立てて指導しますが、それ以前にしておかなければならない課題があることを痛感します。

　そこで、それ以前の課題は奥様先生が担当します。たとえば、「教室を端から端まで雑巾でふく」という指導をするのです。

　まず「雑巾の絞り方」から始めます。どのように〈①雑巾をひろげ→②水につけ→③もちあげ→④左手の中に入れ→⑤右手を添えて→⑤絞る〉かを、子どもたち一人ひとりがよくわかるように、ゆっくり、はっきり、見せます。

　次に、両腕で雑巾をおさえ、お尻をもちあげ、教室の端から端まで走ってふきます。ところが、多くの子どもたちは、腕に力がないのでからだをささえきれなくてグニャリグニャリと転んでしまいます。からだをささえる腕の力がないうえ、中腰で前進する動作ができない子どもが多いのです。

スポーツクラブの先生から、研究しつくされた、すばらしい体操の指導を受けることを期待しても、そのスポーツをする基礎的な力は、日常生活の活動の中で準備されている必要があります。家庭の中で、「タオルを絞る」「雑巾でふく」「ほうきではく」「パパの車をみがく」「大きなゴミ袋にゴミを集め、口を結び、捨てに行く」などを、責任をもってする、という習慣を身につけることは、幼児期には塾や教室通い以上に、頭脳や運動能力を身につけるうえで重要なことです。

指先を使う（手先を使って小さなことをする）

このごろは、テレビ画面を見るだけ、キーボードを叩くだけ、ねじを巻くだけ、などで楽しく遊べるので、指先をこまかく使う機会がどんどん減ってしまいました。指先の運動能力は、四歳前後に決まるので、この時期に鍛えられた機能だけが自分のものとなるわけです。

I園長先生は以前、二十年間小学校の先生をしていました。ある日、I園長先生もまじえて「指先を使う教材」について研修会をしていましたら、急に「ああ、今やっとわかったわ」といわれるので、何がわかったのかと聞いてみますと、こういうことなのです。

このごろの小学校の生徒たちは筆圧がない。鉛筆の先をふわっとしかおさえないので、薄く小さく粗末な字になる。「もっと、しっかりおさえなさい」と、いくらいっても指先に力が入らない。結局、Bとか2Bのような濃い芯でカバーすることになる、というのです。そして、しみじみと、「幼稚園にきて初めて、就学前にしておかなければならないことがあるということが、いろいろわかってきました。筆圧だって、小学校に入る前に、つまむ、ひねる、ねじるなどの動きをいろいろやっておくことが必要だったのですね」といわれました。

字を書くという行為は複雑な運動で、少なくとも三種類の運動が前提になります。

第一は、物（鉛筆）を指でつまみ操作すること。

第二に、手首が自由自在に動くこと。

第三は、その言語の筆順にしたがって、道具（鉛筆）を動かすこと。

字を書くのは、何歳がいいか、という議論をする以前に、子どもの指先が、字を書くのに必要ないろいろな運動を身につける時期があり、その「《運動》の敏感期」は、四歳前後であることを知っておくべきです。そして、一足飛びに「字を書く」指導に入るのではなく、指先をしっかりと使う機会をたくさん提供してあげることが必要です。

指先を洗練する活動への興味は二歳ごろからでてきます。日常生活の中でお母さんがちょっと工夫して、子どもが自分でじっくり取り組めるようにしてあげるといいでしょう。

お母さん自身が指先を使って、一つか二つ手づくりしてみることです。お母さんが手づくりしたものを、子どもが喜んで使ってくれれば、しめたものです。高価な市販のおもちゃよりも、こんな「機能の完成をたすける教材」の方が、子どもにとってはずっと興味があるのです。

・ファスナー、金具、カギを「開け閉めする」

・マジックテープ、フック、かぎホック、スナップ、ボタンなどを［とめはずしする］
・クリップ、洗濯ばさみ、ふとんばさみなどで［はさむ］
・二つ折り、三つ折りに［たたむ］
・スプーン、ピンセット、はし、スポイトなどで［あけうつしする］
・ハンドル、いろいろな形のふたなどを［まわす］
・飴の紙、包装紙などに何かを入れて［ねじる］
・ボタン、豆などを数種類一緒にし、形や色にしたがって［つまんで分ける］
・ビーズ、玉などを細い棒やひもに［通す］

三〜六歳に徹底して身につけておくべき基本的技術は「折る」「切る」「貼る」「縫う」です。これらは小学校において「読む」「書く」「計算する」が徹底して身につけるべき基礎・基本であるように、就学前の基礎・基本なのです。なぜなら、この四つのことが自由自在にできると、子どもは自分で創造していく喜びや、「やったー」「できたー」という達成感を味わったり、さらに次へ挑戦する意欲をわき立たせたり、といった機会を多く経験できるからです。

「折る」「切る」「貼る」「縫う」を、ごく初歩からしだいに高度なものへと段階をおって進んでいけるように系統立てた手づくり教材の例を、第五章「家庭でできる手づくり教材」で紹介しましょう。

四、とり逃がした敏感期

上の子の子育てのとき、「敏感期」なんて知らなかったので、大事な感受性を無視してしまいました。もう手遅れでしょうか？

私が、あちこちの母の会でお話をするとき、いつも「敏感期」に触れます。そうしますと最後にかならずでる質問が、このことなのです。

「敏感期」なんていうことを今日初めて知りました。そういわれれば、思い当たることがいっぱいあります。それにしても、上の小学校五年の長男が幼稚園だったころ、私はそんなこと知らないものですから、いつも叱り飛ばしカリカリして、追い立てたり、引っぱりまわしたりしました。そのつけでしょうか。今、とっても不器用で、何をするのも中途半端で、のろのろしていて、いわれないと何もできないのです。

この代表質問（！）を聞いてどのお母さんも「やれやれ、ほっとした。私が聞きたかったことをあのお母さんが聞いてくれた」という顔をなさいます。

どの幼稚園に行ってもかならず、この質問を受けるので、私は「敏感期」の話し方についてじつは良心の呵責《かしやく》を覚えるほどです。たしかにモンテッソーリは、「敏感期を逃すことは、終バスに乗り遅れるようなものだ」とか、「セーターを編んでいるときに編み落としの目をつくってしまうようなことだ」といっています。〝それを取り返すのに、たいへんな努力が必要だし、その結果は生涯負わねばならない〟、ともいいます。

でも他方、人間はみな、だれでも「編み落としの目」のリストができるくらい、敏感期を逃した結果を負うているのだともいっているのです。

「敏感期」が、それほど大切であることは事実ですが、同時に、人間は生涯、やり直しがきくし、そのチャンスがあるのも事実なのです。

パリ大学の教授で幼児教育の専門家ストーク博士が来日されたときに、この問題について話をしました。彼女は「モンテッソーリの時代から、人間研究は大きく進歩した」といいます。そして、医学・文化人類学・心理学の博士号をもつこの幼児教育の専門家がもっとも強調したことは、脳の成長の可能性のことでした。

人間の脳は、死ぬまで訓練によって変えることができる。脳は何歳の時であっても環境によって、また訓練によって変える可能性をもっているという、このことが現代の発見であり重要なのだといっていました。

だとすれば、「この子の敏感期をとり逃がした」と思うお母さんが、それに気づいた今の時点からすべきことは次の二つではないでしょうか。

(1)「グズだ！」「ドジだ！」と、子どもを責める前に、「こんなグズになってしまったのは、なぜ？」とちょっと考えてみることではないでしょうか？　この一瞬の思い直しが、ただ叱るだけの言葉とは別の言葉や見方を生むかもしれません。

(2)そして、「幼児期の敏感期は逃したとしても、今の敏感期は絶対に大切にしてあげよう」という思いを強くもち、「今、この子は、どんな敏感期にいるのだろう？」と意識して子どもを見守ることはできないでしょうか？

幼児期の強烈なエネルギーがほとばしりでる敏感期のようなかたちではないにしても、人間には生涯にわたって、いつも何か夢中になれるものがあり、そのために情熱を傾ける時期があります。そして、全力投球して夢中にやり抜いたあとは、人間いくつになっても素直になり寛大になります。

そのように、自分の力で変われる機会を、お母さんが子どもと一緒になって見つける努力はできないものでしょうか？

人間は、気がついたときが「出発点」で、本当の力が発揮できるのは、「とり逃がした時間の貴重さを思って胸を打ち叩くとき」なのです。とり逃がした時間をくやむ経験は、だれもがしています。その後悔こそが最大の出発のエネルギーになるのだということを、私たちは人生のどの時期にも確固として信じ、出直すべきでしょう。

第三章

お母さんの「敏感期」

「敏感期」には、自分に必要なものへの感受性が特別に敏感になり、積極的、能動的にかかわっていくエネルギーが強烈にわきだしてくるのだと前にも述べました。この不思議な時と力は、すべての生物に、特に幼少期にあらわれます。ところが、いつも新しく学びたいという欲求をもち続ける人間は、人生のすべての段階でなんらかの「敏感期」にいると考えてよいかもしれません。

特に若いお母さんは、「母親としての幼少期」とでもいえる時期にいるわけですから、わが子の教育についての「敏感期」にいるとでも考えることができましょう。若いお母さんは、自分の「子どもの敏感期」を見る目をもつことが大切ですが、同時に、子どもへの接し方について考えたり工夫したりする「母親としての敏感期」にいることを自覚することが非常に重要です。

母親として、この時期にこそ尽すべき努力をあとまわしにしないよう、心がけたいものです。

一、「自分でしたい！」敏感期

「敏感期」のエネルギーを利用するためには、「なん歳のときは、どんな敏感期にいるか」を科学的な根拠にもとづいて知っておくことが必要です。では、その勉強を先にしなければ何もできないかといえば、そうではありません。必要最低限の知識にもとづいて、できることを実行してみることです。まず実行してみると、「なるほど、たしかに何かありそうだ」と子どもの変化に出合います。その変化する子どもを見ると、もっと勉強したり、工夫したりしたい気持ちが起こってきます。

必要最低限の知識とはどういうことでしょうか？　それは、「子どもがどう動けばいいか、〝動き方〟を知りたがっている」ということです。

子どもは、ガサガサして何をするにも不器用で、きちんとしたことは期待できない、と大人は思いがちです。だから、まじめにやり方を教えなかったり、大人がさっさと子どものかわりにしてしまうことが多いわけです。

ところが、子どもが「どうすればいいか？」を本当に知りたがっていること、「どう動けばよいか？」を学びたいと心の底で強く望んでいることに、モンテッソーリは目をとめたのです。

子どもは、ひとりでやりたいと望んでいるのですか?

四歳前後の子どもは、「運動の敏感期」にいます。「運動の敏感期」にいるということは、ありとあらゆる「動き」を身につけるときなのです。だから、まわりの人がしている行動をよく見ているわけです。また、三歳ごろから自分の意志がはっきりしてきて、子どもは自分が自分の行動の主人公でありたいと強く望むようになります。

「自分が自分の行動の主人公でありたい」望みと「ありとあらゆる動き方を身につけたい」望みが心の中に渦巻いているこの時期には、もう一つの内面のエネルギーが強く働きだしています。それは「知性」のエネルギーです。モンテッソーリは、この内面から子どもを押し動かす「知性」のエネルギーについてわかりやすく次のように説明します。

・《知性の働き》は、ひとことでいえば〈区別する〉ことです。まず「分ける」のです。次に分けたものを「集める」、分けたものを「較べる」、分けたものを「合わせる」などします。別の言葉でいえば、「分析」「集合」「比較」「対応」などをするというわけです。知性は分析・集合・比較・対応など論理数学的な法則性によって、どんどんと展開します。

・《知性の性質》は、ひとことでいえば〈自発性〉なのです。知性が働くところには自発的な発展が見られるわけです。

ところで、話がちょっと飛びますが、この宇宙におけるすべての動物は法則に従って動きます。宇宙における動物の運動には調和があり、それぞれが定められた法則に従って動きながら仕え合っているというのです。

つまり、人間だけが定められた法則に従って動くのではないのだそうです。かといって、自分勝手にメチャメチャに動くのでもありません。では、どんな法則に従って動くのかといいますと、人間は「知性の法則」に従って動くのです。

だから、「どう動けばいいか、知りたがっている」子どもは「知性の法則」にそって「動き方」を学びます。

子どもは学びたがっている

ここで「知性の法則にそって動き方を学ぶ」という場合の〝学ぶ〟という言葉に注目しましょう。

「どう動けばいいか、知りたがっている」子どもが、知りたかった「動き方」を身につけるのは、「知性の法則」にそってなされるのですから、知性を使って「学んだ」のだということになります。だから「〝動き方〟を知ることは〝学ぶ〟ことだ」ということです。

子どもが、自分の目でしっかり見て「なるほど、そうするのか！」とわかって、「自分もやってみよう」と自分でやってみて、「どうすればいいか」を身につけるときは、たんに「できるようになった」のではなく、「動き方」を「学んだ」ことになるのです。動き方は知性の法則に従ってなされるので、「動き方」を身につけることは、「学び方」を身につけることでもあるからです。

幼児期に「学ぶ力」を身につけさせたいのであれば、「どう動けばいいか」を自分で学びとりたい「運動の敏感期」に、子どもが自分で「動き方」をよく見て、自分で取り組めるような機会をたくさん提供することです。

今のお母さん方の中には、「学ぶ力」を幼児期に身につけさせるために、まったく逆のことをしている人がたくさんいます。ただ頭だけを使う計算や文字書きをする塾に行くことこそが学力をつけることだと思い込んだり、あるいは、子どもが自分ひとりでできるように「動き方」を教えるかわりに、むしろ子どもはしないですむようにお母さんがしてあげたり、便利な道具や機械を買ってあげたりして、自然の法則に逆行する手のかけ方をしている人がおおぜいおられるようです。

この時期の子どもは本当は、「自分でやりたい！」のであり、しかも自分の動きを完成しなければならない敏感期ですから、「より完全に！　より美しく！　動きたい」というあこがれをもっています。そして、そのためには「どうすればよいか」と注意ぶかく見て、自分の頭で理解しようとしています。

「動きたい」という強い望みは同時に、「学びたい」という強い力をも含んでいるので、この望みと力をいかすことに手間をかけることこそ、自然の法則にかなったことで、子どもの中に「学びとる力」を真に育てることになります。

二、お母さんの工夫

どうやったら子どもにうまく教えられますか？

「動き方」を学ぶことは「学び方」を身につけることだということは、お母さんが実際に経験したときによくわかるものです。じつに「コロンブスの卵」みたいなもので、やってみるまでは気づかないし、またよく理解もできないものです。

では、「やってみる」とは、これから述べる方法を、日常生活の中で実行してみることです。それは、信じられないくらいかんたんで平凡なことなので、素朴で単純な心でなければやれないでしょう。高い月謝や有名人の指示に効果があると思い込んでいる方にとっては馬鹿らしくて、やってみる気にもなれないかもしれません。

でも、その馬鹿らしいような方法を謙虚に受けとめて実行してみたお母さんは、思いがけない子どもの反応に出合って驚いたり感激されたりするものです。そして、そのことがきっかけになって、子育てにおける重要なポイントを次々に発見していかれるのです。

そんなお母さんの報告を紹介する前に、まず、その馬鹿らしいような方法を説明しておきましょう。

子どもができるようになる教え方　＊モンテッソーリ教育ではこれを「提示」といいます。

①対象を一つだけ取りだす。

日常生活の中から、子どもに教えたい一つの行為だけを取りだす。この行為だけに注意を向けさせるためにも、他のものはなるべく、すべて子どものまわりから片づけるのがよい。

②動作を分析し、順序立てる。

その動作をよく分析して、各部分ごとにどうなっているかを、はっきり見せながら、各部分の動作を、正確に、ゆっくり、順をおって実行する。

③むずかしいところを、ハッキリさせる。

大人自身が何度もやってみて、むずかしいところを確認するか、あるいは、子どもがかならずいきづまるところを見極めて、そこを特にていねいに分析し、正確に、はっきり、ゆっくり、繰り返し、見せる。

④動作を見せる間は、言葉は使わない。

黙って、やって見せる。すなわち、一連の動作を、分析し、順序立てて、やって見せている間、言葉による説明をともなわせないように心がける。黙って、ゆっくり、してもらうと、子どもは、その行為に注意を集中し、「ああ、そのようにすればできるんだ！」と感じることができる。そのような間《ま》をもたせたあと、言葉で説明をする。

⑤正確に実行し、精密なところに心をこめる。

子どもは、自分の行為を完成したいという強い望みをもっているので、「正確に実行する」ことと、「精密なところまで、ていねいにする」ことは、行為を完成する条件として子どもの心を強くひきつける。

⑥教えながら、教える。

モンテッソーリは、「教えながら、教えなさい」といった。子どものまちがいを訂正しながら教えてはいけないという意味である。大人は、自分が見せたとおりに子どもがしないのを見ると、とっさに手をだして訂正したり、せめたりするものだが、この反射的な大人の訂正に出合うと、子どもの心は萎縮《いしゅく》する。

子どもがひとたび自分の殻に閉じこもってしまうと、もうどんなに教えても受け入れない。だから、あくまでも、教えて、教えて、繰り返し教えることが大切である。

⑦自分からする自由を与える。

大人は、自分がして見せたことを子どもが「すぐ」あるいは「かならず」実行することを期待するが、やり方を教えたあと、それを実行することは子どもの自由に任せなければならない。

子どもが日常生活の中で「やってみよう」と自分でとりかかるときこそ、教えてもらったことを思いだし、見たとおりに自分で考えて実行するからである。自由に自分で考えて実行したとき初めて、その行為は自分のものとなる。そして子どもは、自分の行動の主人公になることができる。

では、実際に、この方法でやってみて自分でも驚いたというお母さんの報告を紹介しましょう。

Yさんは、家の中で子どもたちがペタペタと大きな足音をたてるので、「もっと静かに歩きなさい」とよく注意をしていたそうです。ところが、モンテッソーリ教育について勉強する機会があり、前述の「提示」を実行する人たちを見たので、家に帰ると、「ためしに子どもたちに歩き方をして見せた」とのことです。そのときのようすを書いた文をそのまま紹介します。

「どうやったら足音が消えると思う？」

「ホラ、こうやると足音がしないでしょう」と静かに手を振って、爪先からかかとまでゆっくりおろして歩いてみせました。子どもたちは、ジーッと見て嬉しそうに笑いました。そして、競って同じように静かに歩きました。

あんなに口をすっぱくして注意をし続けたことが、これほどかんたんに解決するとは思わず、驚いてしまいました。そして、あらためて、「提示」の力の大きさを感じました。

（瀬戸市　吉田和子さん）

Tさんは、「提示」について教えてもらったとき、「今ここにいるこの子を見る、感じる、ことが大切なのだ」と感じたのだそうです。そして、今この子が、やりたがっていることを、わかりたがっているやり方で、正確に示してやることが大事なのだと気づき、その日帰ると、子どもの前で牛乳をゆっくり注ぐことをやってみたというのです。そのときの様子を次のように報告しています。

子どもの前で、ゆっくり牛乳を注ぎ、牛乳パックの開け口もきちんと折って、しめる、ところまでやってみせました。そのとたん、長男は、「ああ、そうやるの。ぼく、今まで知らなかったよ」といいました。今まで何回も何回も自分で注いでいたのに……！

それからは、子どもの前では、なるべくゆっくり、意識的に動くように心がけました。すると、長男がじっと目でおい、「やりたい！」ということが増えていったのです。「子どもの時間って、ゆっくり流れるんだなあ」と思いました。

（千葉市　高木幸子さん）

Iさんが坊やと靴を買いにいったときの状況から紹介しましょう。

ある日、長男と私は運動靴を買いにでかけました。それまではマジックテープで着脱できるものをはいていましたが、その日彼が選んだのは、ひもで結ぶ方法のものでした。始め、私は、蝶結びができないと、この靴ははくことができないという理由で反対しましたが、どうしても「これがいい」といいはったので、それを買うことになりました。

考えていたとおり、次の日から出かける時に玄関で私を呼ぶ声が聞こえます。靴がはけないのです。親子ともに腹だたしく思うひとときです。そこで私は、一つだけ結び目をつくるかんたんな蝶結びの教材を作りました。

（P123の図のようなかんたんなもの）

P123の図のような教材をつくるというお母さんの配慮だけでも、とってもすばらしいのですが、それだけではたりないのです。これを使って「どうすればできるか」を知りたがっている子どもに「動き方」を教えることをしないと、せっかくつくった教材もあまり役に立たないでしょう。そこで、お母さんは、前にあげた方法でやってみせたのです。すると、ただたんに「子どもができるようになった」というだけではありませんでした。「動き方」を一つひとつていねいに見せてもらった子どもが、自分で努力しながら発揮するすごいエネルギーと人格の尊厳に、母親自身が触れ、感動することになったのです。

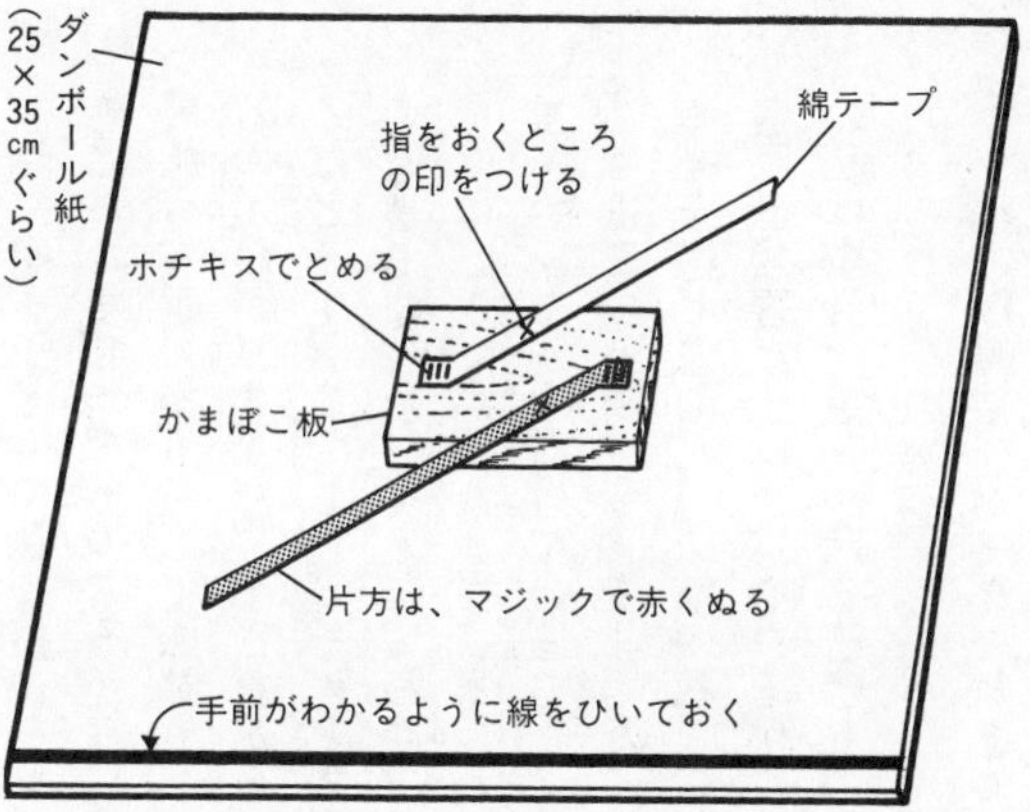
ダンボール紙
(25×35cmぐらい)
綿テープ
指をおくところ
の印をつける
ホチキスでとめる
かまぼこ板
片方は、マジックで赤くぬる
手前がわかるように線をひいておく

蝶結びのための手づくり教材

「蝶結び、やってみる？」とさそうと、彼は「やる！　やる！」と大はりきり。しかし、思うようにはいきません。途中までやってもグチャグチャ、だんだんいやになって、ポイ。それでも、その日の夜も「やってみよう」といいだします。しかし、また、ポイと投げすてます。次の日も同じことでした。私は、まだ無理なのかしら？　と思い、子どもの目にはとどくけれども、さほど目立たないところに、それを置いておきました。

数日後、彼は、「ママ、やってみて」といって私のところにふたたびそれを持ってきました。私は、「見ててね」といって、精一杯、動作を分析し、順序を追って、ゆっくり、そして、心で声にならない声援を送りつつ、蝶結びをしてみせました。

隣に座る子どもの私の指先を見る目つきが、だんだん変わっていくのが私の肌に感じられました。そのころから、蝶結びが少しずつ形になってきました。彼の右手の指も左手の指もそして頭脳も、蝶結びそのこと一つに、ただひたすら集中しているのがわかりました。小さなからだが、あまりにも真剣で、思わず抱きしめたくなるほど一生懸命でした。そのとき子どもからいいようのないエネルギーが発散するのを感じました。そして、私が立ち去ってからも何度も何度も結んではほどき結んではほどき、黙ったままであったり、「ここをもって、それから、こっち」と独り言をいいながら続けていました。

私はこのとき、今までまったく気づかなかった子どもの様子に打ちふるえ、また、幸せを感じました。以前の私ならば、蝶結びができるようになったその結果のみに着眼して喜び、ほめ、心ひそかに得意になっていただろうと思います。しかし、今の私は全身全霊をかける子どもの姿に生命の存在と躍動を見て、息を飲む思いでした。

きれいな蝶結びができたときの彼の喜びようは、なんと表現したらよいのでしょう。ただ、「やった！」とか、「できた！」とか、「嬉しい！」とかいうものではなく、子どもにもこのような深い感情があったのかと驚くような、じつに重みのある心の底からの喜びと自信に満ちあふれた満足気な表情でした。子どもに今表面上のほめことばは必要ないように思えました。

このときから、この行為は子どものものになりました。またそこに、彼の自立への息吹を感じました。そして、子どもが私の所有物でないのはもちろんのこと、お説教やしつけで無理矢理によい子にしようとすることなどできない一個の尊い人格をもった人間として成長しているのを見ました。（東京都　岩崎千晶さん）

このお母さんがしたことは、かまぼこ板でかんたんな教材をつくり、蝶結びの仕方を、動作を分析して、ゆっくり、心をこめてしてみせる、というたったそれだけのこと、お金も時間もいらないかんたんなことでした。お母さんのこの小さな努力のおかげで、子どもは自分の中心にある力をだし切る尊い経験をし、蝶結びをマスターし、自立へ一歩進みました。それと同時にお母さんも、今までまったく考えたこともない子どもの内面にある尊い力や人格の尊厳に目を開かれ、母親としても自立へ一歩進んだのです。

三、お母さんの「敏感期」

幼い子どもが、幼児期特有のすばらしい敏感期を強烈に生きようとしている時期、じつはそのお母さんは、「お母さんの敏感期」でもあるといえないでしょうか？「お母さんの敏感期」なんて言葉は聞いたことがないでしょう。そのはずです。私の造語なのですから。私は、たくさんの子育て真っさい中のお母さん方に出会っているうちに、この言葉をつくづくと実感するようになったのです。

「敏感期」は、すべての生物が生まれてしばらくの期間、長い生涯を生きていくうえで必要なものを獲得するために、特別に感受性が敏感になる時期だと前に説明しました。

それはド・フリースという研究者による生物学上の発見であったわけですが、これと似たことは私たちの生活のあちこちに見受けることができます。何ごとも、初期のころには、それをするのに強烈なエネルギーがわきだして、「究めたい！　もっと知りたい！」などと燃えるものです。スキーにしてもテニスにしても、語学や楽器の習得にしても、そのことを究めたり身につけるために非常に知性が冴えるときがあることはだれもが経験していることでしょう。

であれば、ましてや、女性が初めて「親」になったばかりのとき、特に、自分のからだの分身である小さなわが子、自分だけに頼っているこの可愛いわが子との生活が開始した、「母親としての初期」の時期は、「母であること」の幼少期のようなもので、「母である」ための感受性がもっとも敏感になっているときだといえましょう。その意味で、子どもが幼児期にいるころは、お母さんは、「お母さんの敏感期」にいるといえないでしょうか？

子どもが幼いときの敏感期に、子どもの内面からでてくる不思議な力に出合ったことのあるお母さんは、その後の子育てにおいて、いつも子どもの内面にある力を信じることができるようです。それは、「母親としての敏感期」に、敏感な感受性で子どもの内面にある偉大な力を感じたので、その後「母であること」を生きる長い生涯にわたって、いつももっとも大切な感性をもってわが子に接するということでしょう。

子育てをしていて、いつも「これでいいのだろうか？」と自信がないのです。

「子育てをしていて、いつも『これでいいのだろうか？』と自信がないのです」という言葉は、たくさんのお母さんから聞きます。そんな中で、「子育ての間じゅう、いつも一つの自信をもち続けることができました」というお母さんの言葉は、とても貴重です。そんな素敵な言葉が思わず口をついてでてくるとは、いったいどんなことをされたからなのでしょうか？

私はある幼稚園の母の会で次のような話をしました。

モンテッソーリという先生はある日、子どもたちに「鼻のかみ方」を教えました。「鼻をかむ時はね」そういって、動作で示しました。

一、紙をひろげ、手の上にかける。

二、鼻にあてる。

三、右と、左と分けて、片方ずつかむ。

四、かんだところを包み込む。

五、包み込んだのを確かめてからすてる。

「鼻をかむ」一連の動作を、分析し、順序立てて、やってみせました。

すると、思いがけないことに、その一部始終を見ていた子どもたちが、いっせいに拍手してくれたのです。モンテッソーリは、たかが鼻のかみ方を教えたくらいで子どもたちが拍手してくれたことに驚きました。しかし、すぐそのわけがわかりました。

子どもたちは、いつも「鼻をたれている」ということで注意されるか、大人から無理にかんでもらうかでした。それは屈辱の種だったのです。ところがモンテッソーリ先生は、「ぼくも、かめる！」ように、わかりやすく、ゆっくりと、はっきりと鼻のかみ方を教えてくれたのです。だから子どもたちは嬉しくなって拍手したのでした。

このできごとにヒントを得てモンテッソーリは、子どもが自分ひとりでできるように、日常生活の一つひとつの行為を取りだして、それを成り立たせている動作を、分析し、順序立てて、正確に、ゆっくりと、明瞭にしてみせるようにし始めました。

こうしてモンテッソーリは、子どもたちが「わたしがひとりでするのを手伝ってね！」と声にならない叫びをあげていることに気づき、その叫びにていねいに応える教育方法を深めていったのです。

この話を聞いたFさんは、ハッとしました。思い当たることがあったのです。六歳の長男は、トイレをでてくるときに、いつもスリッパを脱ぎ散らしてくるのです。「きちんとそろえてきなさい！」といくら注意しても一度も聞いたことがありません。その日、家に帰ったFさんは、まず自分が「どうすれば、スリッパを脱いできちんとそろえることができるか」を何回もやってみました。自分で十分に分析してポイントをつかんだあと、長男を呼んで次のようにやってみせました。

トイレをでるときに、

一、スリッパをはいたまま向きをかえる。

二、かかとをそろえる。

三、片足ずつスリッパが動かないように静かに足を抜く。

四、スリッパが、むこう向きに、かかとが合ってそろっているのを確かめる。

五、ドアを開けてでてくる。

動作をよく分析し、ゆっくり、はっきり、示してあげたのです。

すると、どうでしょう！　それから半年後にFさんは私に会いに来ていわれました。「まあ、その日以来、半年間、一回もスリッパを脱ぎ散らしてでてきたことはないのです」と。

このことからヒントをえてFさんは、日常生活における仕事をいろいろ工夫して、六歳の長男と四歳の長女に手仕事をさせるようにしました。たとえば次のようなことです。

①洗濯物の干し方、取り入れ方、たたみ方、かたづけ方
・端と端をキチンと合わせる。
・左右対称に折り込み、たたむ。
・大・中・小や、所有者によって分類する。
・たたんだものを重ねる。
②お風呂の掃除
・順序、段取りを教える。
・最後に水を一杯にするところまで責任をもってやる。
③野菜を切る

・野菜の皮をむく。
・野菜を切る。
・切ったもので、カレーやサラダを作るのを手伝う。
④お膳立て
・おはしをキチンとそろえておく。
・お茶わんや皿を定めたところにおく。
・お盆にのせて運ぶときに、両手でしっかりと持つ。
・音をたてない。

このように、Ｆさんの工夫は限りなくひろがっていきました。

ここで注意したいことは、たんに家事手伝いをさせ、それらに熟達させたということではないことです。「日常生活」の中から子どもができるような材料を取りだし、最初に、「どうすればよくできるか」を、子どもにわかるように、動作を分析して、ゆっくり、はっきり、やってみせたことが大事なのです。

しかも、ただ、「ゆっくり」見せるのではなく、意識するポイントは、いつも「合わせる」「分ける」「集める」「比較する」などを正確にすることです。これは、とりもなおさず知性の働きそのものを、行動の中に織り込むことなのです。こんな契機が活動の中にあると、それを実行する子どもは、考える人になっていくのです。

　子どもたちが小学校へ行き、やがて中学、高校、大学と進んでいくにつれ、学校の問題・教育の問題は、どんどんエスカレートして複雑になり、むずかしくなっていきましたが、Ｆさんは、どの時期もその問題に楽しく挑戦されました。二人とも大学をでて子育てを終わるころ、こんなことをいっておられたのが印象的でした。

「子どもが幼かった日々に、親として経験し、発見したあのことで、その後のわが子の成長の各段階で、困難は複雑になり大きくなっていくにもかかわらず、いつも一つの自信をもち続けることができました」と。

　Ｆさんは、なぜ子育てが終わるまで一貫して一つの自信をもち続けることができたのでしょうか？　それは、子どもがまだ自分ひとりでは何もできない「運動の敏感期」にいるころ、それでも「わたし自分でしたいの！」「ぼくひとりでやりたいんだ！」という子どもの《自律》と《自立》への願いを見てとり、「自分でできるように」「ひとりでできるように」援助する方法を工夫する「母親の課題」をよく生きたからです。このお母さんは、母親としての敏感期をよく生きたのです。

敏感期を充実して生きた子どもが生涯にわたって豊かに生きることができるように、

若い母親時代は、一生に一度の「お母さんの敏感期」というすばらしい恵みの時にいるのです。この時期は、子どもの中に「神の似姿」ともいえる尊い不思議な力を見ることさえでき、だからこそ、子どもに深い畏敬《いけい》の念をもったり、子どもの生命につかえるという謙虚な実感をもつことができます。わが子が幼い日々に、そんな実感を幾重にもおぼえつつ生きてきたお母さんは、生涯にわたって子どもの真の味方・理解者となり得るのです。

「この子は、間に合った」という思いが不思議にわいてくるのです。

母の会でお話をしたあとに、小学生の子をもつお母さんのこんな嘆きを聞くことがあります。「長男の幼児期には、私が『敏感期』なんて知らなかったものですから、子どもをじっくり見ることもなく育てました。あの子は大事な『敏感期』を逃してしまったので、もう手遅れだと思うのです」と。

でも、人間は死ぬまでやり直すことができるし、取り返すこともできるのです。「手遅れ」ということはありません。

ここでは、「手遅れ」の問題ではなく、むしろ「間に合った」という実感をもっているお母さんの例を紹介しましょう。

121ページで、「牛乳をゆっくり注いでみせた」というお母さんの報告の続きです。

長男のSと妹のHは、夏休み中よるとさわると喧嘩ばかり。最後は、お兄ちゃんが妹を泣かせて終わります。夕食後、Sが車を持って、「ママ、一緒に遊ぼう」とさそいにきました。「ママ、これからお茶わん洗わなくちゃ」というと、「じゃ、ぼく手伝う」といって、洗面所から小さな踏み台を持ってきました。

「じゃあ、S君は泡をつけてね。ママは水で洗うから」そういって私はまず一つの茶わんを洗ってみせました。

①中をくりくり洗う。

②茶わんのふちをスポンジではさんで外側を洗う。

③茶わんを裏がえして、糸底のあたりを洗う。

「やる！」といって、Sは洗剤のついたスポンジを奪うように取り、洗い始めました。

一つめは、ちょっと苦労しましたが、つぎつぎにご飯茶わんを洗い、「はいっ」と泡のついた茶わんを私に手わたしました。次は、汁わん！ その次は、お皿！と茶わんの応用で洗っていきました。

「次は包丁！」内心ギョッとしましたが、やらせてみました。

「次ははし！」

Sはいつもとちがうようすで、どんどん自分で決めて洗っていきます。声もはっきりと自信に満ちています。はしは、自分で考え、二つ折りのスポンジにはしを通してゴシゴシみがいていました。

「さいばしは？」というと、

「それは大きすぎだから、ママやってね」

「ぼく、次はスプーン！」……とうとう全部洗ってしまいました。

「ありがとう。あとママがふくからね」

「あ。ぼくもやる」

私は小さなふきんをわたして、「洗ったときのようにふけばいいのよ」といいました。

ギュッギュッと、Sは力をこめてふいています。私がいつものようにふくと水滴が残るのに、Sのはみがいたようにふきあげられています。

しばらくすると、Sがもじもじしています。「そろそろあきてきたかな」と見ていますと、もじもじしながら、やめる気配がありません。黙々とふき続け、「もうないかなあ。あっ、あった」といって最後の一つもふき終えると同時にぱっと庭に飛び出て、ジャージャーおしっこをし始めたのです。庭の水音を聞きながら、私は感心してしまいました。おしっこを我慢し始めてからトイレに間にあわず庭でするまで、Sは十数個の茶わんや皿やコップをふいたのです。最後の一個まで水滴も残さずに！

庭から戻ったSは、さっぱりとした顔で、もうお茶わんのことなど忘れたようでした。私の顔も見ずに、「Hちゃん遊ぼう」と妹をさそって行ってしまいました。そして、二人で仲良く遊び始めました。

このようなことがあり、親の思いつきでポツポツやっているにもかかわらず、Sには少しずつ変化が見られるようになりました。食事に集中できる時間が増え、ご飯も少しずつたくさん食べられるようになってきています。また、小さな音に聞き耳をたてるようになり、自分で気をつけてそっと物を置いたりします。ときどき私が雑な音をだすと「ママ、うるさいよ」と注意することもあります。特に何か作業をしたあとは、そういうことが目立ち、満足げで、妹にも親切です。だからといって、けっしてSが劇的によい子に変わったわけではありません。しばらくすると妹を泣かせます。家の中は、なかなか整理されず、私も未熟な親のままです。

それでも私は、この小さな成功に満足しています。自分自身、モンテッソーリ教育を少しだけ知ったことで変われたからです。主人も「子どもへの接し方が変わったね」といってくれました。

このお母さんは、子どものために仕事をやめるという大きな決断をした方ですが、子どもへの接し方がわからなかったときは、子育てに専念すると決めたのに、その意義をよくつかめなかったそうです。次のように続けて書いておられます。

子どものために仕事をやめたはずなのに、いつのまにか「自分の自由な時間をとられた」とか「わずらわしいな」という気持ちで子どもに向かっていることが、以前はありました。ところが今は、そういう気持ちがずっとへり、人生の大切な時期にいる子どもたちを見、その成長・変化に立ち合える権利が与えられた喜びを感じます。そして、なによりうれしいのは、今子どもの姿を見て、心のどこかで「この子は間に合った」という思いが不思議にわいてくることです。

（千葉市　高木幸子さん）

「人生の大切な時期にいる子どもたちを見、その成長・変化に立ち合える権利が与えられた喜びを感じている」お母さん、そして「『この子は間に合った』という思いが不思議にわいてくるのを感じている」お母さん、この実感こそ、子どもが幼い時期、母親として未熟なところがあったとしても、「尊い母のつとめ」をよく生きているしるしでしょう。それに、これから先ずっと、「母親として生きる」人生がしあわせに送れる予感ではないでしょうか。

「お母さんの敏感期」をよく生きている「しるし」として、このすばらしい実感の証言を受けとめたいものです。

第四章

子育てのキーワード「じりつ」——自律と自立

「自律」と「自立」とは、コインの裏表のようなものだと私は思っています。「自律」がなければ「自立」はありえないし、「自立」に連ならない「自律」は機械的で危険です。

ところで、モンテッソーリ教育は、ひとことでいうなら「自律と自立を育てる教育」だといえます。「自律」も「自立」も、命令や励ましで育つのではなく、心身の必要が満たされたときに、内面からあらわれてくるものなので、モンテッソーリは、まず心身の必要性や必然性をよく観察し、それを満たす方法を生みだしました。その方法によって援助された子どもは、「じりつ」していることが特徴となるのです。

この章では、「じりつ」についての考え方や育て方を、身近な事例や具体的な質問を手がかりに展開していきます。「じりつ」があらわれるためには「知性」が正しく方向づけられることが必要です。

「知性」こそ、人間の品位ある「じりつ」の原動力であることを確認するために、「知性の働き方」と「知性の性質」から見ていくことにします。

一、知性の「働き方」と「自律」

子どもが自発的に、どんどん活動を発展させていくことがありますが、何がそうさせるのですか？

私が自分の部屋で仕事をしていると、コンコンとMちゃんの可愛い咳《せき》が聞こえました。「おや、Mちゃん来てるのかな？」と隣の部屋に行ってみると、いつの間にかやってきたMちゃんは、ひとりで粘土遊びの材料をすべて棚からおろし、粘土を伸ばし形を整え並べるという作業をひとりで展開しているのです。色の順番などひとりでじっくり考えながら、部屋の端から端までずっと並べて遊んでいました。Mちゃんが使っている粘土遊びの材料とは次のようなものです。

①どこにでも売っている六種類の小麦粉粘土を調合して濃淡の段階を増やし、小さなプラスチック箱に分類して入れたもの

②その粘土を伸ばす台のために、大きな、木の空き箱のふた

③その台の上で粘土を伸ばすための大きな（大人用の）すりこぎ
④クッキーづくりに使う型を数種類、二個ずつ
⑤粘土をどんどん並べていける敷物

近くのお店で買ってきた平凡な小麦粉粘土をアレンジして色に段階性をもたせ、クッキーの型抜きのいろいろな形を数種類ペアにしてそろえ、どんどん並べて展開していけるように敷物や台をありあわせのもので準備し、ごますりに使う大きめの木のすりこぎをそえて、わが家の低い棚に置いたのです。Mちゃんはこれらを使って毎日粘土を伸ばし形をくりぬき、ひとりで考えながら色と形の順序を工夫して並べたり組み合わせたりして遊び続けました。二か月後には見事な模様や絵を粘土でつくりあげていました。

幼稚園から帰ってから、私のうちへひとりでやって来て、ひとりで材料を取りだして、ひとりで工夫しながら、形と色の組み合わせを日に日に発展させていくMちゃんの姿は可愛く尊く、また不思議に思える日々でした。

子どもは、こうして自分ひとりで考えながら活動を展開していきます。これは、子どもが知性を働かせているしるしです。

子どもが自発的に活動を展開するとき、その自発性を生みだす根源には「知性」の働きがあることを知るのは、子育てにおいてもっとも大切なことです。

第三章の「子どもは、ひとりでやりたいと望んでいるのですか？」という項で、「知性」と「運動」の関係について触れ、次のように書きました。このことは非常に大切なことなので、もう一度くり返します。

・「自分が自分の行動の主人公でありたい」望みと「ありとあらゆる動き方を身につけたい」望みが心の中に渦巻いているこの時期には、もう一つの内面のエネルギーが強く働きだしています。それは「知性」のエネルギーです。

・《知性の働き》は、ひとことでいえば〈区別する〉ことです。まず「分ける」のです。次に分けたものを「集める」、分けたものを「較べる」、分けたものを「合わせる」などします。別の言葉でいえば、「分析」「集合」「比較」「対応」などをするというわけです。知性は、分析・集合・比較・対応など論理数学的な法則性によって、どんどんと展開します。したがって、《知性の性質》は、ひとことでいえば〈自発性〉なのです。知性が働くところには自発的な発展が見られるわけです。

子どもが、「知性」を働かせている場面がすぐ見える大人、子どもの「知性の働き」

のあらわれをすぐ理解できる大人でありたいものです。子どもが、その敏感期特有の感受性とともに知性を働かせて、自発的に活動している場面の事例を次にあげてみます。

具体的な事例紹介の前に、その場面がよりよく見えるよう「知性」の働きをわかりやすく整理しておきましょう。

《知性》の働き

人間が対象に働きかける行動そのものには一定の法則があり、その法則は数学的です。その「数学的」という言葉の内容は、数字がもっている次の三つの構造にあてはまると考えていいでしょう。

(1)分類したり、結合させたりする（代数的構造）。
(2)A＜B＜Cのように系列化する（順序の構造）。
(3)空間とか図形の性質にそって、連続させたり、隣接させたり、包囲したりする（位相的構造）。

子どもが働きかける行動は、無茶苦茶ではありません。行動が持続し、発展的に展開していくのは、その根底に法則があるからです。その行動は論理数学的法則をもっているのです。つまり、「知性」の法則にそって行動しているわけです。

「知性の働き」には、こうした論理数学的な働き方のほかに、哲学的な働き方もあります。「本質を見抜く」「抽象する」「因果関係を知る」「時間・空間をわかる」などです。いずれにしても、このような「知性の働き」が根底にある活動は、持続し、発展的にどんどん展開していくという自発性をもっているのが特徴です。

私が学生たちに、子どもにあらわれた「知性の働き」の事例をいろいろ話したあと、思い当たることがあるかどうか聞いてみたら、次のような楽しい話がでてきました。

◆智子ちゃんは、ビーズ遊びが好きで、いつもビーズ入れの箱にきれいに種類別に分けていました。ある日、その箱をひっくり返してしまいました。智子ちゃんは、何時間もかけて一つずつビーズを拾って箱に片づけました。やり終えるまで、眠いのに寝ないで必死に整理したのを大学生になった今でも憶えているのです。

◆亜紀ちゃんが幼稚園のころ、お母さんが庭から洗濯物をたくさんかかえて入ってくると、お父さんのパンツとお母さんのパンツと自分のパンツを分けたり、たくさんの色のタオルを集めて白は白、ピンクはピンクというように分けていました。ままごとをしているときも、近所の家の葉っぱをむしってきて、トゲトゲのついている葉や毛がついている葉やつぼみなどに分け、それからすりつぶしたりして遊んでいました。

◆お正月、おもちを食べるので五歳の男の子に「食べたいだけ取っておいで」というと、おもちのある部屋に取りに行きました。しばらく戻ってこないので、こっそり見に行くと、おもちを部屋中にひろげて大きいのと小さいのとを分けているのです。薄暗い部屋で、ポツンと座っておもちを分ける姿が、なんだかおかしかったのですが、「知性の働き」を知った今、あの子どものしていたことの意味がわかりました。

◆遊びにきた従弟が退屈そうにしていたので、私の父が紙飛行機をつくってやりました。ものすごく喜んだので、父は何回も形の違うものを折ってやっていました。その子は帰るときそれをもって帰るといったので、「どれをもって帰る?」と聞くと「全部!」と答えました。そして本当に全部もって帰りました。あとで聞くと、それを形で分けたり、較べたり、よく飛ぶのと、そうでないのと、分けたり、較べたりして、しばらくいろいろやって遊んでいたそうです。

これらの事例からわかるように、子どもは同じ種類のものを「分け」たり「集め」たり「較べ」たりなどしているとき、ひとりで黙々と持続してやります。それは自分の頭を使っているしるしです。感覚器官である目や耳など、また、運動器官である手などを使い、同時に知性を生き生きと働かせているのです。そのときは、「感覚の敏感期」の強烈なエネルギーと知性のエネルギーが内面から子どもを押し動かしているので、子どもは自分のリズムでその活動に集中します。そして、どんどん発展的に展開させることもできるのです。

人間の知性は「宇宙の果てまで知りたい」という、無限にひろがる望みをもっています。だから「知性の働き」が活動に織り込まれていると、その活動は続くのです。前にあげたMちゃんの粘土遊びの例は、それをよく示すものです。その粘土遊びは、ただこねたりくっつけるだけでなく、色と形で分けたり段階づけたりする要素が入っていたので、二か月も工夫をし続けながら、発展させることができたのです。

知性の哲学的働きの場合も、持続性が特徴です。次のような例は、それを示唆します。

姪の玲子が四歳だったとき、「玲ちゃん、海水浴どこに行くの？」と聞きますと、「ハワイに行くの」と答えました。パパが日本航空につとめているから、飛行機でハワイに行くのはかんたんなことなのでしょう。でも私は近所の海岸の名前が返ってくると思っていたので、たかが四歳のチビがシャーシャーと「ハワイに行くの」と答えたのにビックリし、「ヒャー」といってしまいました。それは午後三時ごろのことでした。

その夕食のとき、玲ちゃんはなんだか考え込んでいます。そして突然ママにたずねました。「ねえママ、『ヒャー』というのは、おばけがでたときいうんでしょ？あつこおばちゃんへんだよ。『どこに海水浴に行くの』っていうから、玲子が『ハワイに行くの』っていったら『ヒャー』っていうんだよ。『ヒャー』っていうのは、おばけがでたときにいうんでしょ、ママ」と聞いているのです。

四歳の玲ちゃんにしてみれば、〈おばけがでた→こわい→ヒャー〉が当然の因果関係なのに、あつこおばちゃんの思いがけない「ヒャー」という反応で、すっかりわからなくなったらしいのです。

私にしてみれば〈ハワイ↓お金が高い↓ヒャー〉という因果関係だったのです。玲ちゃんのママへの質問を聞きながら、午後三時ごろからずっと心の中で考え続けていたのがよくわかりました。これも知性の持続性を示すものといえましょう。

二、知性の性質としての自発性

なんでも分けたがるのはどうしてですか?

「分けたり・集めたり・較べたり・合わせたり」という〈数学的〉働きをしながら、また、「抽象したり・因果関係をしらべたり・類推したり」という〈哲学的〉働きをしながら、知性は、その働きを続け、どんどん発展させていくという性質をもっています。だから、知性の性質は「自発性」だといえます。

活動が自発的に展開するときには、その原動力に「知性」の働きがあるということを知っておくことは非常に大切です。

知性の働きがともなうとき、活動が持続するということは今まであげた例からもわかるのですが、「持続性・自発性」を顕著に示すものとして、次の二つの例を述べましょう。

ゴルフの練習場へアルバイトに行っている学生が話してくれました。

◆ある日、四歳くらいの女の子を連れたパパが、ゴルフの練習に来ました。女の子を放りっぱなしにしてひとりさっさと練習に行ってしまったので、このアルバイト学生は「あきれるわ、あのお父さん」とその無責任さを少々腹立たしく思いました。でも、おいていかれた女の子はそこにしゃがみ込んで何かし始めたので安心し、そのうちにその親子のことも忘れてしまいました。一時間ほどして、練習を終わったパパはすがすがしい顔をして女の子の手を引いて帰って行きました。手を引いてもらっている女の子もすがすがしい顔をしています。

「あの子はひとりおいてきぼりにされていたのに、どうしてあんなにすがすがしい顔をしているのだろう？　あそこで何をしていたのだろう？」そんなことを考えながら女の子がしゃがみ込んでいたところへ何げなく行ってみたアルバイト学生は、アッと呆気《あっけ》にとられてしまいました。

コンクリートの道の横はいろいろな石がまざりあった砂利になっているのですが、さっきの女の子は、この砂利の中から白い石だけを拾い集めてきて、それをコンクリートの道の端にずっと並べていたのです。

この女の子は、雑多な石から、白い石を「分ける」、白い石を「集める」、白い石をコンクリートの道の端に「合わせる」「並べる」、という活動をしていたわけで、そこには、分類する・集合する・対応させる・隣接させるなど、知性が働いていたのです。だから、パパがゴルフをしている一時間もの間、この子の活動も持続したのです。

◆うちのおばあちゃんが、お医者さまから九種類ものお薬をもらっていたときのことです。しかも朝と昼と夜と薬の種類もちがうので、八十三歳の年寄りには何がなんだかわからなくなってしまうのです。

ご近所のHちゃんという可愛い女の子とうちのおばあちゃんは仲良しだったので、Hちゃんが遊びに来たおりに、この薬を分類してくれないかと頼んでみました。Hちゃんは大はりきりで引き受けてくれました。次のような段取りで作業を進めました。

①まずA４の用紙を七枚用意し、その隅っこに、月・火・水・木・金・土・日と書きました。

②次に一枚の紙を三等分して線を引き、上段には「朝」・真ん中は「昼」・一番

下は「夜」と書きました。
③この七枚の紙を大きな机の上に並べました。
④その紙の上に、病院からもらってきた薬袋に書かれている朝食後とか昼食後とかいう指示に従って薬を、朝の分・昼の分・夜の分とそれぞれ置いていきました。
⑤封筒を半分に切って、小さめの袋を二十一枚つくり、Hちゃんが工夫して、朝用のには朝日がのぼる絵、昼用のには光線を放っているまん丸の太陽の絵、夜用のにはお月さまの絵をそれぞれ七枚ずつ描《か》きました。
⑥そして最後に、朝用の袋には、用紙の上段の「朝」の欄に集められている薬、昼用の袋には中段の「昼」の欄に集められている薬、夜用の袋には一番下の「夜」の欄に集められている薬、をそれぞれ入れていきました。
⑦朝用が七個、昼用が七個、夜用が七個と分類され、袋に入れられてできあがりました。
Hちゃんは毎週やってきて、喜んでこのお仕事をしてくれました。

小さな子どもが、途中で投げださないで、最後までちゃんと分類してくれたのは、薬の色や形で分類したり、指先でちぎったりする敏感期に合った活動や知性の働きがあったからでしょう。

子どもを内面から押し動かし、積極的に環境へかかわらせる力は「敏感期のエネルギー」によります。

そして、かかわり始めたものを、投げださないで、内面から持続させる力、自発的にどんどん発展させる力は、「知性のエネルギー」によります。

子どもの活動が積極的・自発的であるためには「敏感期のエネルギー」と「知性のエネルギー」の両方を十分に発揮させることが大切なのです。

三、《自律》と《自立》

子育ての間じゅう一貫して心がけるべきもっとも大切なことを一つあげるとすれば、それはなんですか?

ある幼稚園の保護者会の役員さんから、「母の会」で話をしてほしいとの電話がかかってきました。

「はい、承知しました。ところで、どのようなテーマで話すことをご希望でいらっしゃいますか?」と私がたずねますと、そのお母さんが次のようなことをおっしゃいました。

「子育てをしていますと、いろんな考え方に振りまわされます。『あれが大事だ』と聞くとすぐそれをしなければいけないと思い、『これが必要だ』といわれれば早速そのことを取り入れなければならないと思い、いつもいつも『あれが大事だ』『これも必要だ』と追いかけられています。周囲の勧めにすぐ動かされてしまうのです。こんなに振りまわされなくてもいいように、『これが大事』という絶対に大切な一つのことがあったら、そのことについて話していただきたいのです。子育てをしていく間じゅう、いつも一貫して『このことが大事なのだ』と確信がもてるような一つのキーワードがあったら、そのことについて話してください」

この話を聞いた私はその日から、信頼されている経験豊かな園長先生やすぐれた保育者、そして立派に子育てを終えられたお母さんたちに出会うたびに聞いてみることにしました。

「あるお母さんからこんなことをいわれました。子育ての間じゅう一貫して、いつも心にとめておかなければならないような大切な一つのキーワードを、あなたが問われるとしたら、なんてお答えになりますか？」と。

ところが、答えはじつにかんたんでした。どなたも迷うことなく、「それは『自立』です」と即答なさったのです。

それから間もなくして私は、幼児教育の研究のために半年間フランスに滞在することになりました。この期間、機会あるごとに日本でしたのと同じ質問をしてみました。先生、お母さん、教育の専門家などにたずねました。また幼児教育関係の本や公文書を読むときも、そのキーワードを意識して探しました。

ここでも答えはじつにかんたんでした。どこででも、まず使われる一つの言葉があったのです。それは「自律」という言葉でした。

日本では　「自立」

フランスでは　「自律」

それが、子育ての間じゅう一貫して見定めておかなければならない、たった一つの大切なキーワードだというのです。

「自立」の反対語は「依存」、「自律」の反対語は「他律」であることを考えると、日本語では発音は同じですが、内実は異っているのがわかります。でも異ったとしても、〈日本の子育て〉と〈フランスの子育て〉の両方でもっとも大切だとされるキーワードをたった一つの《じりつ》という発音で表現できるのですから、もっけの幸いというべきでしょう。

どのお母さんも、自分の子どもにたびたびこんなことをいいます。

「もう、ひとりでできるでしょ！」

「自分で考えて、自分でしなさい！」

「ちゃんとしなさい！」

「自分でどんどんやってごらん！」

お母さん方のこの言葉は、とりもなおさず、《自律》と《自立》を子どもに期待しているしるしではないでしょうか。

「自律」ってなんですか？

フランスの教育では、《自律》を育てることがもっとも大事だといい、日本では、《自立》こそもっとも重要だといいます。いずれも《じりつ》と発音するせいか、日本の教育界では両者のちがいを厳密に考えず、むしろ両方の大切さを暗黙のうちに含めて「『じりつ』が大事」といっているようなところもあります。だから、教育における「自律」と「自立」の区別を定義してしまうと、いろいろな言い残しを生みだしそうなので、ここでは厳密な区別は避けたいと思います。

《自律》とは

・自分の頭でよく考え（知性を働かせ）
・自分のからだ（感覚器官や運動器官）をよく使い
・自分のやりたいことを自分で追求したり展開できる力

とでも考えたいものです。

第五章で紹介する教材を毎日使っている京都市の「くすのき保育園」の三歳から五歳児たちは、一枚の大きな画用紙を与えておけば、それを切ったり貼ったりして数時間かけて好きなものを工夫してつくるので、雨の日などじつにやりやすいと、園長先生がおっしゃっています。

この園の子どもたちは、自分の「手」を思うように使うことができるので、自分がつくりたいと考えたものに挑戦していくことができます。このような力を《自律》といえないでしょうか。

自分で思いどおりに自由に使いこなせる表現の手段を獲得しておくことは、《自立》するための前提条件です。たとえば外国で生活する場合、その国の言葉が自由に使えないとその国で自立できません。その国の言葉の語彙《ごい》やいいまわしが乏しいために自由に表現できなかったり、不本意にも人手を借りなければならないつらい経験をした人は多いと思います。このように考えると、《自立》の前提となるものが《自律》のように思えます。

・「これをこうすれば、こういう結果につながる」という見通しがもてること

・そのように考えたら、自分の思いどおりに動けること
・やり始めたことを、どんどん発展させていけること
このような力を身につけている子どもは《自律》能力を備えているといえましょう。

では、そんな能力は、いつ身につくのでしょうか？

それは今まで述べてきたような「敏感期」と「知性」のエネルギーが十分に発揮された生活において身につくのです。
①敏感期の感受性にうながされて自分から環境にかかわっていく能動的で積極的な行動が、いつも認められた生活
②知性の法則にそって、自分のイニシアティヴと自分のリズムで考えながら活動を進める自由を保障された生活
この二つのことが認められ保障された日常生活を幼児期にもった子どもは、自分で考えて行動する個性と創造性をもった人になります。

子育てで目標にしなければならないのは、自分のイニシアティヴで取り組み、自分のリズムで続け、自分のオリジナリティを打ちだせる、人柄と能力ではないでしょうか。

これからの時代は分刻みで機械化・情報化が進み、覚えることや処理する能力はますます機械にまかせればよくなります。必要なのは、機械がかわりにやれないことをする

能力です。

ところが、受験戦争は機械との協同作業なので、それに勝つためには機械並みのことをする必要があるようで、学習塾や進学校では、機械的にどんどんこなしていく力を身につけさせています。小さい子どもがそんな能力を身につけて好成績をおさめると大満足する親や先生が多いのですが、機械的に素早く処理する能力を身につける子どもは、しだいに考えない人になっていっているのです。

滋賀県にある「止揚学園」で障害児教育にたずさわっている、福井達雨先生の話のまた聞きなのですが、次のようなことを聞きました。

◆先生のご子息は非常に優秀で、小学生のときに自分から外国に行きたいといいだし、自分で手続きなどして、スイスへ留学したそうです。すぐれた知力をそなえたこの子は、スイスでの学業をみるみるクリアして一年が終わりました。ところが、なんと成績は「落第」だというのです。理由を聞いてみると、「この子には哲学がない」とのことでした。提供された課題はなんでもすいすい処理できる。しかし、質問に早く答えすぎてじっくりと考える過程がない、ようするに「哲学する頭がない」というのです。

だから、一年間ゆったりと海や山をめぐり、感動したり、心の底から賛美するような感性や心情を身につけさせるために落第させるということだったのだそうです。

「自律」とは、ただオートマティックにどんどん処理できる能力ではありません。よく考えることのできる力と心があり、考えどおりに自由自在によく動くからだがあり、自分で自分の頭とからだを使いつつ活動を展開できる能力を《自律》といいます。フランスでは、そのような能力を育てることこそ最も大切だと、教育者もお母さんも共通に思っています。

ところが日本では、教育者もお母さんも、深く考えないで早くやれる機械的なオートマティック能力を自律能力だと勘違いしているふしがあります。そのような能力を身につけることを奨励する進学教育に疑問すら感じていない先生や親もたくさんいます。

そんな状況におかれている子どもは、本当の《自律》能力を失わされていきます。「考えないでただするだけ」の進学教育によって、大切なものが失われることに気づきたいものです。

次のS君の例は、進学教育が「考えさせない教育」であることを如実に語っています。

これは、一人ひとりの子どものイニシアティヴとリズムを尊重するモンテッソーリ教育の実施幼稚園でS君の担任をしていたOさんの報告です。

◆S君は幼稚園のとき、なんでもていねいにするのでとても時間がかかりました。また、とても集中し、最後までしないと気がすまないので、いつも人より一歩遅れて次の作業へと移っていました。そのS君が進学校に入学してまもなく、お母さんがこうおっしゃるのです。

「先生、うちの子どもが学校では、なんでもサッサッサッとしているらしいのです。信じられないけれど……のろまだと思っていたのですが……。でも、家に帰って机に向かって涙をためているんです。わけを聞くと、『幼稚園では、ゆっくり最後までできたけれど、学校では好きなようにできないから考えることができない。ぼく、考えて発明することが大好きだったのに！』と」

そして、『頼むから、毎日、ぼくが好きなことをしてもいい時間をちょうだい』というので、どうするのかと見ていますと、ケーキの箱ぐらいのボックスの中に入れてあるカードや怪獣の消しゴムや当たったおもちゃ、ビー玉、わけのわからない小さなものを毎日一つずつだして並べてきれいに分けて、また箱の中にゴチャゴチャにまとめて入れるという繰り返し。ある日、じっと見ていたら、ビー玉をきれいな円になるように並べて、その中に線をいっぱい引いているから、何をしているのかなと思ったら、ビー玉五個で五角形、六個で六角形……十二個で十二角形、と等間隔にビー玉を置いて対角線のようなものを引いているんです。驚きました」と。

私には、学校でのスピードでは考えることができないというS君の気持ちがよくわかりました。S君は何かに出合ったあとは、自分でみつけた法則にしたがって自分で考えていろいろなものを創りだしたいのです。たくさんの発見・発明ができるかもしれないのに、日本の学校はこれでよいのでしょうか？

（京都市　大森久美子さん）

この子どもの言葉がよく示しているように、子どもは本当は「自分のリズムで考えてやりたい！　そして自分で発見したり発明したりしたい！」と願っているのです。自分で考えて、自分の手を使って、いろいろなものを創りだしていく力が《自律》なのです。《自律》は〈知性〉の働きと自発的な性質とが結ばれてのみ実現することも知っておきましょう。

小さいときは、「自分でする！」といい張って困ったのですが、大きくなると「お母さんしてぇ」といって、自分からしようとせずに困っています。

「クレーン現象」という言葉を聞きました。子どもが「お母さんしてぇ」「先生してください」など、まるでクレーンの先でものを取るように、お母さんや先生の手でしてもらおうとすることだそうです。

二、三歳のころ、あんなに「自分でする！」とがんばって、ママがやってしまうと大泣きして怒ったりしたのに、その子たちがいつのまにか、「やってぇ」「とってぇ」「してぇ」と、人の手をあてにする「クレーン症候群」にかかっているのです。

「自分の手を使い、自分の頭を使って、自分のリズムで事を進める」という活動を日常生活の中で毎日くり返した子どもは、「自分でする！」といい張った二、三歳ごろのあの強い生命力をもち続けています。すなわち、《自律》を身につけた子どもは《自立》への強いあこがれをもち、一歩一歩《自立》へと進んでいるのです。

モンテッソーリ教育の幼稚園で幼児期を過ごした子どもたちが、小学校へ行き始めてから見られる特徴の中でもっとも共通していることは、毎日の宿題への取り組み方のようです。

自分でちゃんと計画を立てて行い、けっしてあわてないというのです。私は長年に亘って、このことを聞いてきました。幼児期に毎日、自分で考えて遊び、実行し、片づける、という一連の活動を、自分のリズムでやってきた子どもたちは、自分の生活を自分でするという《自立》ができているのです。

モンテッソーリ幼稚園に通っていたアコちゃんの例から考えてみましょう。

◆アコちゃんが通っていた幼稚園では、入園前から家庭でお母さんが子どもに自分でさせるようにと指導がありました。洋服を自分で着る・脱ぐ・たたむ、靴を自分ではく・脱いでそろえる、おはしを使う、などでした。アコちゃんのおばあちゃんは、毎朝アコちゃんが登園するようすを見ているとハラハラするそうです。アコちゃんは、ゆっくりゆっくり「洋服を着て……、カバンにハンカチを入れて……」などなど、ブツブツとつぶやきながら自分で考えて準備しているのです。たどたどしい手つきで自分でするのを見ていると、せっかちのおばあちゃんは、遅れやしないかとハラハラドキドキして、手伝ってあげたい気持ちをおさえるだけであぶら汗がでるというのです。

そのアコちゃんが入った小学校は私学で遠いので、朝は六時半に起きて七時二十分に家をでなければなりません。ところが、一回も起こされたことがありません。自分でちゃんと起きて、サッサと順序を追ってすべきことをし、きちんとバス停へ向かいます。ママは感心しています。二人の高校生のお姉ちゃんも、この小さな妹に感心していることがあります。それは、けっして宿題であわてたりしないというのです。ちゃんとすべきことはまずやっている着実さに、二人の大きなお姉ちゃんも「感心しちゃうね」と話しているそうです。

アコちゃんは幼稚園時代の三年間、毎朝自分で考えて、自分のリズムでやりとおしたので、小学校に入って必要性を自分で判断できる年齢になったとき、自分で見通しを立て、自分でちゃんと実行できる力が自分のものになっていたのです。

幼児期に《自立》に向けて教育されていた結果、小学校に入ったとき、自分の生活を自分のリズムでできるようになりました。小学生なりに《自立》しているのです。

幼児期の子どもは、「私が自分でしたいの!」「ぼく、ひとりでやりたいんだ!」という強い願望をもっています。そして、大人に向かって、「私がひとりでできるように手伝って！」と叫んでいます。だから、大人は、すぐに手をだして子どもの身代わりをしてやるのではなく、子どもが自分ひとりでやるには、どんな援助が必要かを考えなければなりません。

「子どもがひとりでするのを手伝う」ために大人が工夫し努力することが必要なのです。

「自立」に向けて教えるって、どういうことですか？

自分で自分の身のまわりのことができるから「自立」しているとはかぎりません。「自立」とは、人格の深いところからの確信、存在そのものの安心、とでもいえる人間の中核に触れるテーマです。だから、「ひとりでしなさい」「自分で考えなさい」と命令して実現するものでもありません。その人が自分の感性・知性・理性・意志・からだなどのすべてを使い、時間をかけて成就するのです。

「自立」とは

・自分の奥深いところになんらかの自信・確信・安心が生じる。
・周囲の人や物と安定した関係をもつことができる。
・自分で決めたり、選んだり、責任をとることができる力がある。

ことだとも考えたいものです。

幼稚園で、先生やお姉ちゃんにベッタリくっついて離れられない子どもが自立していくケースを見ていると、きっかけはいろいろでも過程には共通のものがあります。

たとえば、

◆先生のかたわらにいつもくっついていた女の子が、ある日先生が何か書いているのを見ているうちに、自分も紙と鉛筆をとってきて何やらぐにゃぐにゃした線を書き始め、一日中書き続けました。その日から、この女の子は先生から離れてひとりで行動することができるようになり、態度も明るく積極的になりました。

◆Tちゃんは、お姉ちゃんのお尻についてまわり、お姉ちゃんの影のような存在でした。そのTちゃんが、ある日、はさみで細い紙を切るお仕事に出合いました。Tちゃんはおもしろくておもしろくて夢中で切り続けました。その日以来、もうけっしてお姉ちゃんと一緒に行動しようとはしなくなりました。

◆Y君は歩いたり走ったりするのがきらいなのに、みんなと一緒に山登りに行くといいだしました。ところが案の定、途中で「つかれたあ」「もうイヤだあ」と叫び始めたのです。道の真ん中に座り込んでしまったY君のところへ、お友達が入れかわり立ちかわりやってきて励ましています。「Y君、自分で登るっていったじゃない」と友達にいわれて、しばらく考えていたY君はやおら立ちあがり、歩き始めました。そしてついに頂上までがんばったのです。その日以来、Y君の態度はしっかりし、ごはんもよく食べるようになり、友達にも親切になりました。

子どもはお説教でも、ほめことばでも「自立」へ向かいません。「自立」していくのにかならずたどる道筋があるのです。前述の例の中にも共通して見られることで、単純化し図式化すると次のような過程です。

① 自分から自由にかかわる

↓

② かかわったことを続けてする

↓

③ 続けてするうちに全人格的かかわりになる

④ かかわり抜いて「やった！」「すんだ！」「わかった！」などの実感で終了する ←

この四つの段階を通過し、深い充実感や自信を味わったときに子どもは人格の奥深いところから変わり始めます。人に依存せず、自分で決めたり選んだりできるようになります。そして人に親切になり、周囲の人のことを思いやることができ、さらには積極的によいことをしようとする態度さえあらわれます。素直になり、自由な心と規律正しさが目立ちます。

このように子どもが変化するきっかけは、日常生活の中のごくささいなことです。大人の目からすればなんでもないようなことが、子どもの敏感期のエネルギーと知性のエネルギーを躍如として燃えあがらせる機会となり得るのです。

こうして子どもは、内面からのエネルギーをフルに使いながら統合します。こうして統合されたエネルギーが頂点まで高まると、今度は調和をもって再配分されるのです。すると、人格に統一と調和があらわれることになるのです。

モンテッソーリ教育は、この現象を生活の中で何回も経験できるように教材や環境を研究して整えたものです。すなわち、「自立」への道筋を子どもが日々踏みしめられるように科学研究をつくして構成されています。

しかし、モンテッソーリ教具を使わなくても、この原理さえわかっていれば、身近な素材を使って、子どもが「自立」への道筋を踏みしめることができるような配慮ができるでしょう。その配慮の仕方について、手近なことから、だれでもできる方法を紹介するのが本書の目的なのです。

第五章　家庭でできる手づくり教材

一、「一歳から二歳半」の子どものために

あるお母さんが次のようなことを書いていらっしゃいます。

私は子育てをしながらモンテッソーリ教育の勉強をしているせいか、自然と「手の動き」に注目するようになりました。

赤ちゃんは、おすわりをする満七か月ごろから、手の動きが活発になり、一歳ぐらいになるといろいろな手の動きをするようになります。でも、よく観察していると、同じような動作が多いことに気づきました。私は、子どもがおとなしく一人遊びをしているとき、どんなことをしているかをメモし、何日分かをまとめてみました。

①にぎる　　にぎって叩く。にぎってなめる。にぎって振りまわす。
②つかむ　　つかんで投げる。つかんで落とす。つかんでだし入れする。
③引っぱる　　さげてあるタオルや洗濯物を下から引っぱる。
ティッシュペーパーを上から引っぱる。

④つまむ　　床に落ちている小さなものをつまむ。おっぱいをつまむ。つねる。
⑤すきまに入れる　　穴に入れる。

これを見て私は、子どもの「手の動き」というものは、赤ちゃんのころから秩序立っているんだな、と感心してしまいました。　　（茂原市　大橋ひろみさん）

このお母さんのように、子どもがやりたがっていることを観察し、それを心ゆくまでできるようにしてあげたいものです。「あっ、それ引っぱっちゃダメ！」「それ投げてはいけませんっ！」といわなくてもいいように、身近な物を利用して、子どもが何回でもくり返しやれるような遊び道具をつくってあげましょう。

次にあげる教材は、京都市のくすのき保育園の保母さんたちが、子どもがやりたがることをよく観察し、その活動をくり返しやれるようにと手づくりで考えだしたものです。お母さん方が家庭で遊び道具（教材）をつくるのにヒントになるでしょう。

〔落とす〕

①にぎって取りだしたり、落としたりする　（一歳～二歳）

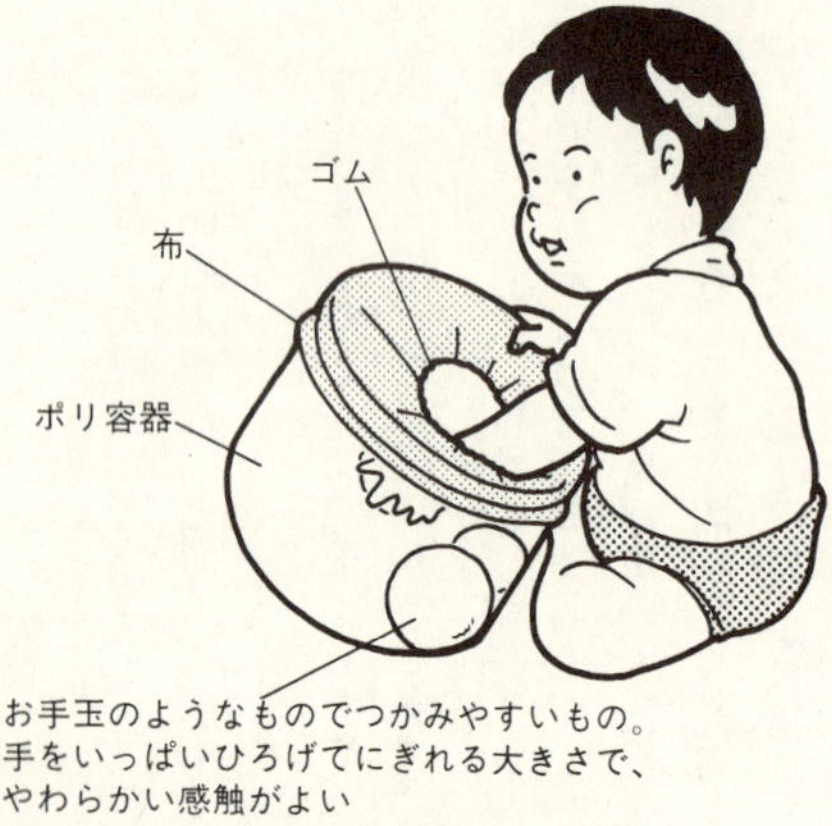
ゴム
布
ポリ容器
お手玉のようなものでつかみやすいもの。
手をいっぱいひろげてにぎれる大きさで、
やわらかい感触がよい

②つかんで落とす　（一歳～二歳）

ふたに穴をあける
タッパー
マラカス
ザル

③つかんで落とす（二歳〜三歳）

大きいビーズ玉（数色）
びん

ビーズを指先でつまんで落とすと
はねるので、そのようすを見たり、
はねる音を聞くのも興味をひく

---

④つまんで小さい穴から落とす（二歳〜三歳）

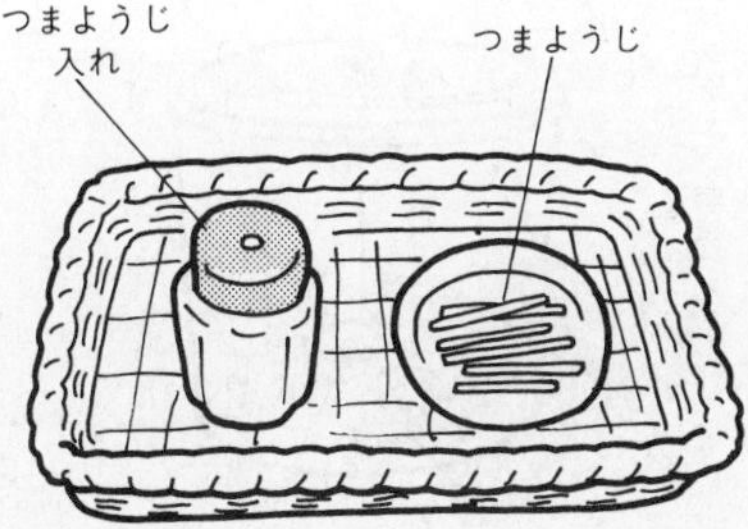
つまようじ入れ
つまようじ

細い穴から入れるので
意識して、集中する

〔引く〕

①にぎって引く（一歳半〜二歳半）

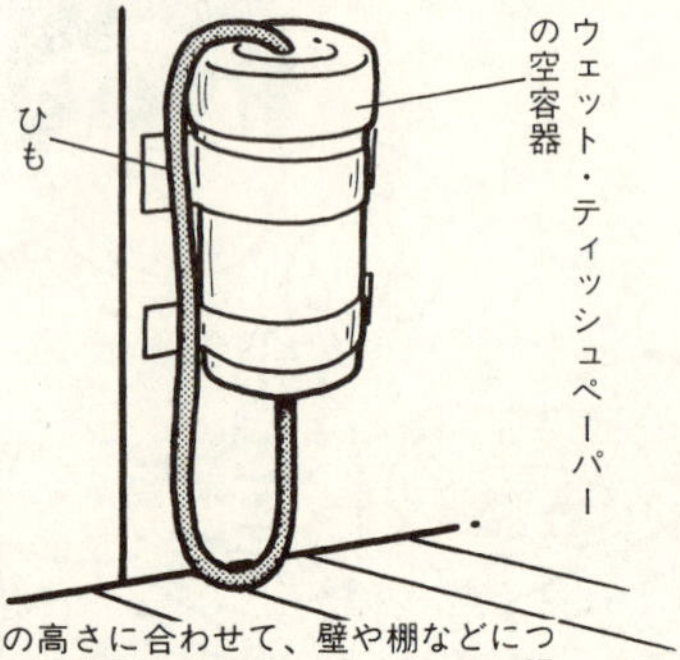
ウェット・ティッシュペーパーの空容器
ひも

子どもの背の高さに合わせて、壁や棚などにつけておくと、通りがかりに引っぱっている。限りなくでてくるのがおもしろい

②つまんで引く（一歳〜一歳半）

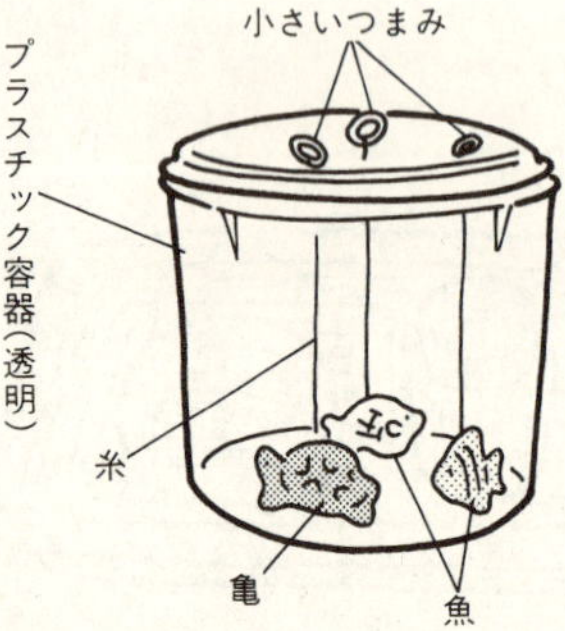
小さいつまみ
プラスチック容器（透明）
糸
亀
魚

つまみをつまんで引くと、ケースの中の魚や亀が浮き上がるので、おもしろい

③小さいものをつまんで引っぱる（一歳半〜二歳）

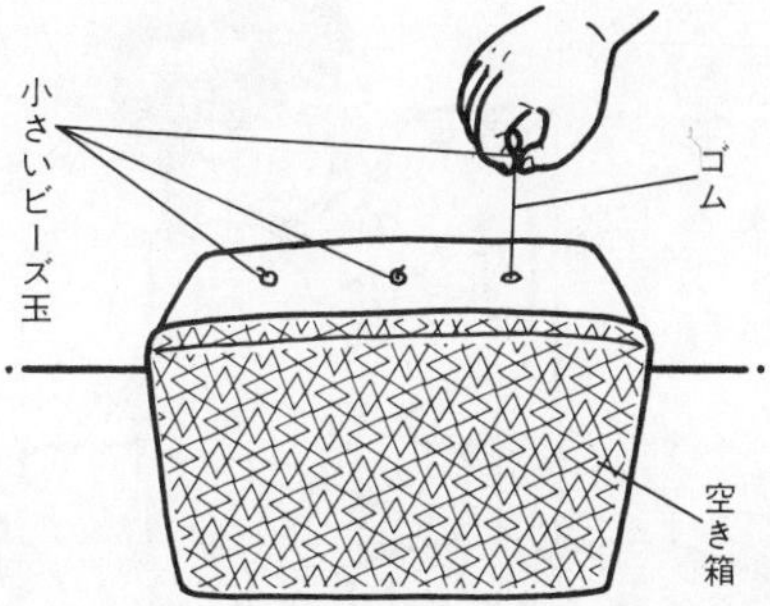
小さいビーズ玉
ゴム
空き箱

ゴムひもなので、引っぱるときの抵抗力と離すとパチンと音をたてるのがおもしろい

④両手で力いっぱい引っぱる（二歳〜三歳）

金具
ロープ
あみ
砂が入った袋
庭の木

ズッシリとした重量感を腕に感じつつ力いっぱい引っぱるのが楽しい。落ちるときのスピードも、おもしろい

〔まわす〕

①タイヤを手でまわす（一歳〜一歳半）

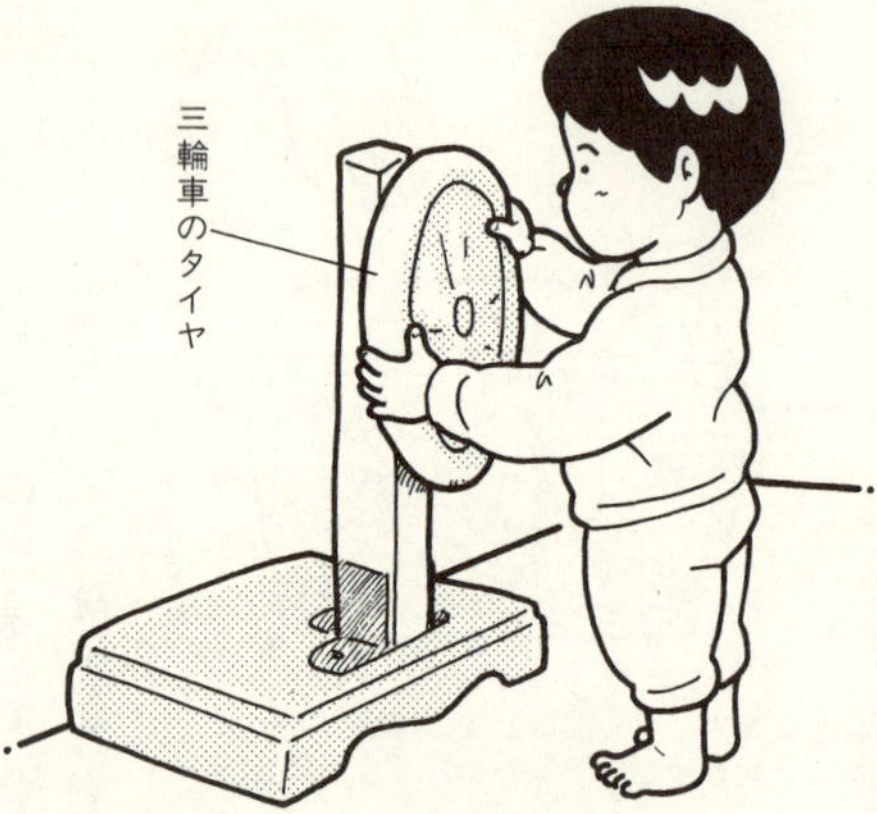

②容器のふたをまわす（一歳半〜二歳）

上をまわすと、下もまわるのがおもしろい

手首の運動が書くことの間接的準備にもなる

③まわしてふたの開閉をする（二歳〜三歳）

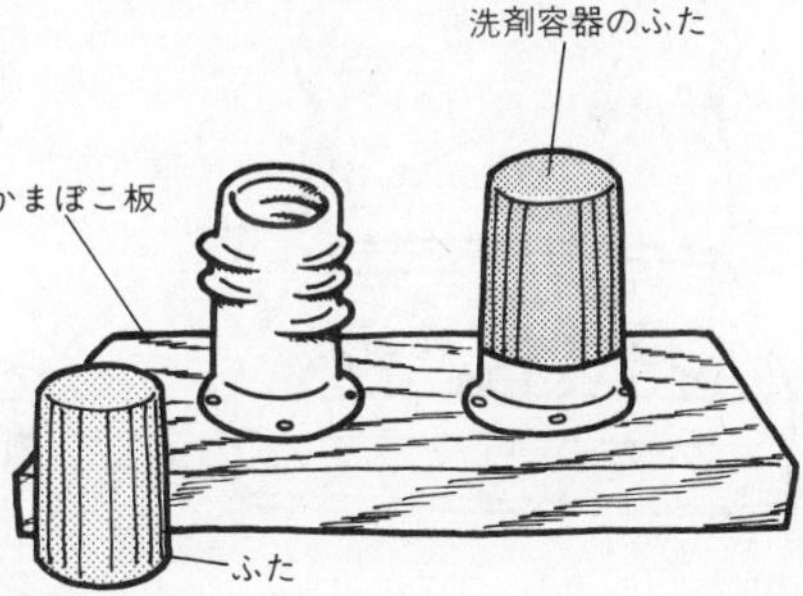
洗剤容器のふた
かまぼこ板
ふた

プラスチックのふたが「カラカラカチッ！」
としまるので、とても楽しい

---

④まわしてふたの開閉をする（二歳半〜三歳半）

いろいろな形や大きさのビン
（化粧水入れ・薬ビン）
カゴ

びんとふたを合わせる。いろいろなまわし方に気づく。左右の手を使ってする。集中力や独立心などが間接的に育つ

〔はさむ〕

①洗濯ばさみで厚紙をはさむ（一歳半～二歳半）

はさむものが動かないから
はさみやすい

---

②ふとん用洗濯ばさみではさむ（二歳～三歳）

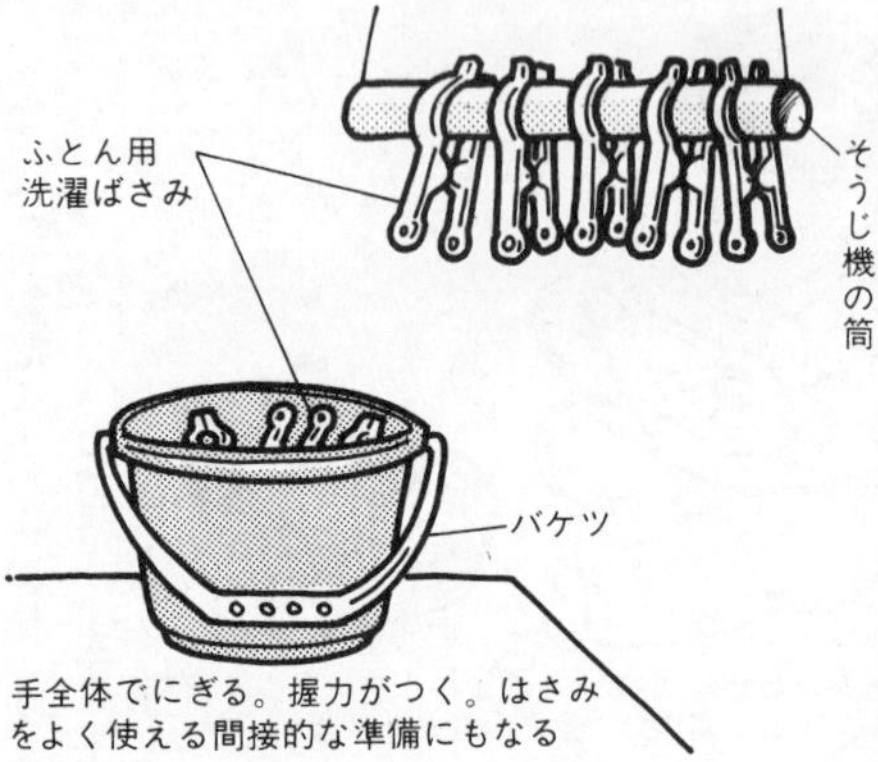

手全体でにぎる。握力がつく。はさみ
をよく使える間接的な準備にもなる

③クリップではさむ（二歳～三歳）

これもはさみをよく使える
ための間接的準備となる

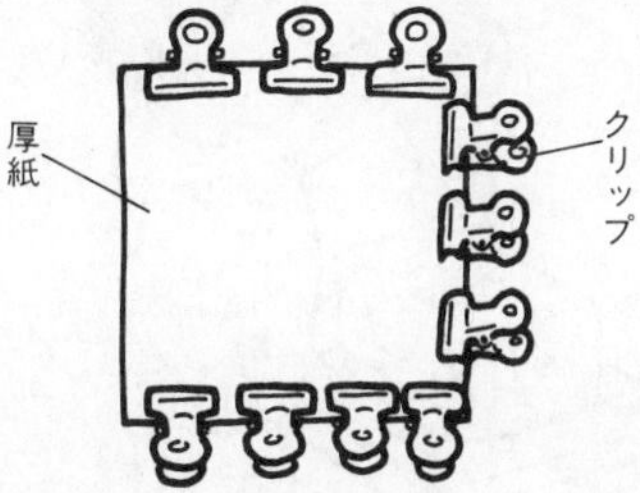

クリップの大きさは統一し、数種類
の色を数個ずつ箱に入れておく

④ピンセットではさむ（三歳～四歳）

3種類の豆を同数ずつまぜ
て一つの皿に入れておく

目と指先を使い、ピンセットではさ
む動作と分類する知的動作をする

〔通す〕

①棒に通す

（一歳半〜二歳半）

②複数の棒に、数種類の輪を色分けして通す

（二歳〜三歳）

③細い複数の棒に小さな玉を通す（二歳半〜三歳半）

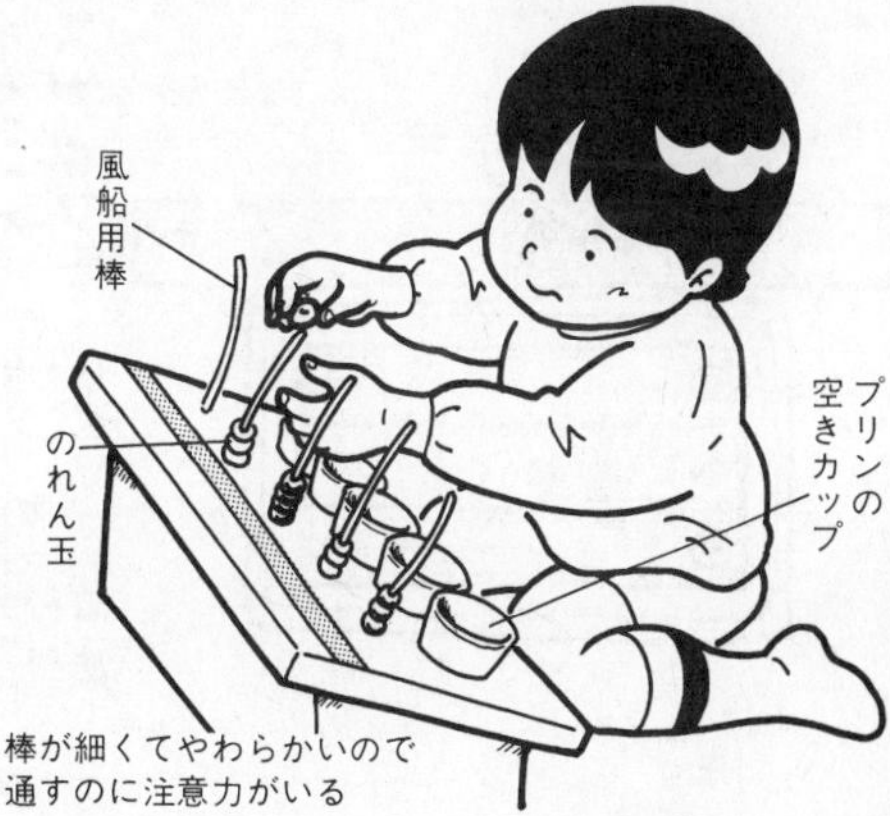
風船用棒
のれん玉
プリンの空きカップ
棒が細くてやわらかいので
通すのに注意力がいる

④ひもに輪やビーズを通す（二歳〜四歳）

ひも
ビーズ
輪

〔ボタンやスナップ〕

①ボタンのとめはずしをくり返す（二歳～三歳）

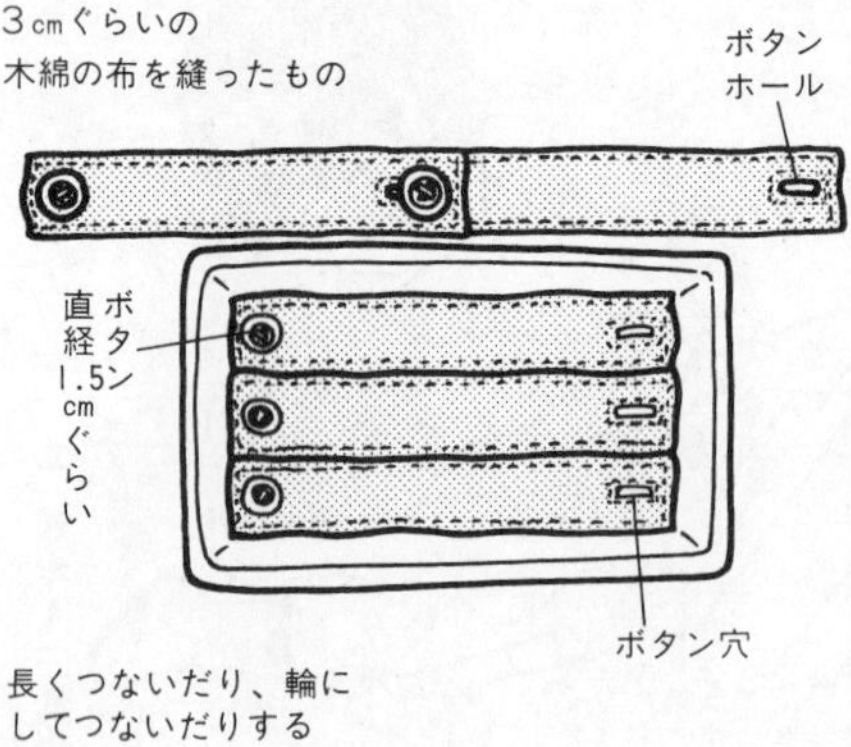
3㎝ぐらいの
木綿の布を縫ったもの
ボタンホール
ボタン直径1.5㎝ぐらい
ボタン穴
長くつないだり、輪に
してつないだりする

②ボタンをつないでいく（二歳～三歳）

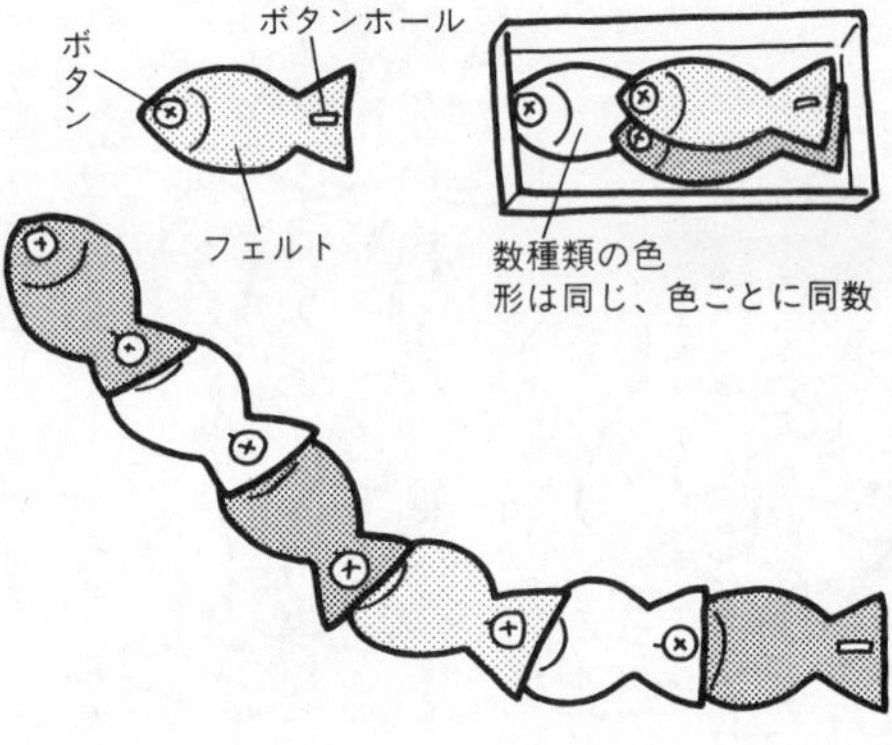
ボタン
ボタンホール
フェルト
数種類の色
形は同じ、色ごとに同数

③ボタンをくり返しつないでいく（二歳～三歳）

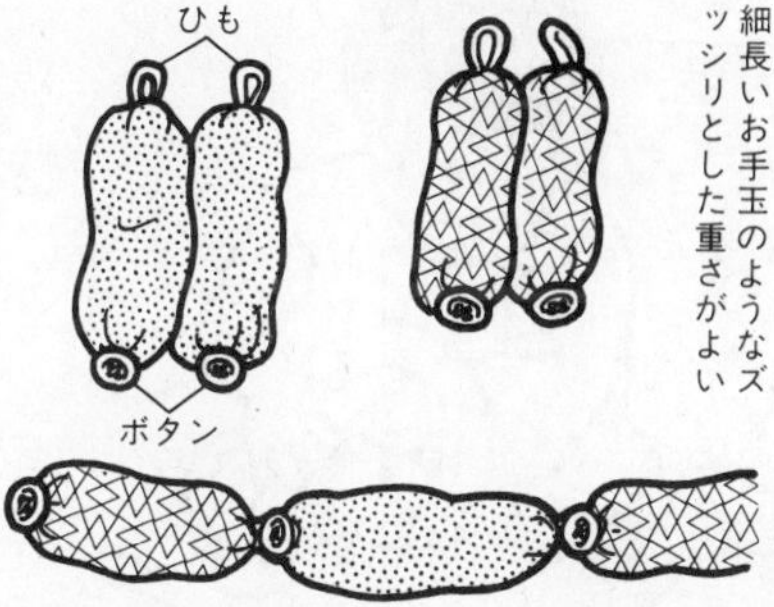
細長いお手玉のようなズッシリとした重さがよい
ひも
ボタン
数種類の色が数個ずつ（同数）あると、つなぐのが楽しい
長くつないで汽車ゴッコをしたりして楽しんでいる

④スナップでとめて長くつないだり輪にしてつなぐ（二歳半～三歳半）

スナップ
スナップ

〔結ぶ〕

①一回だけ結ぶ（二歳半〜三歳半）

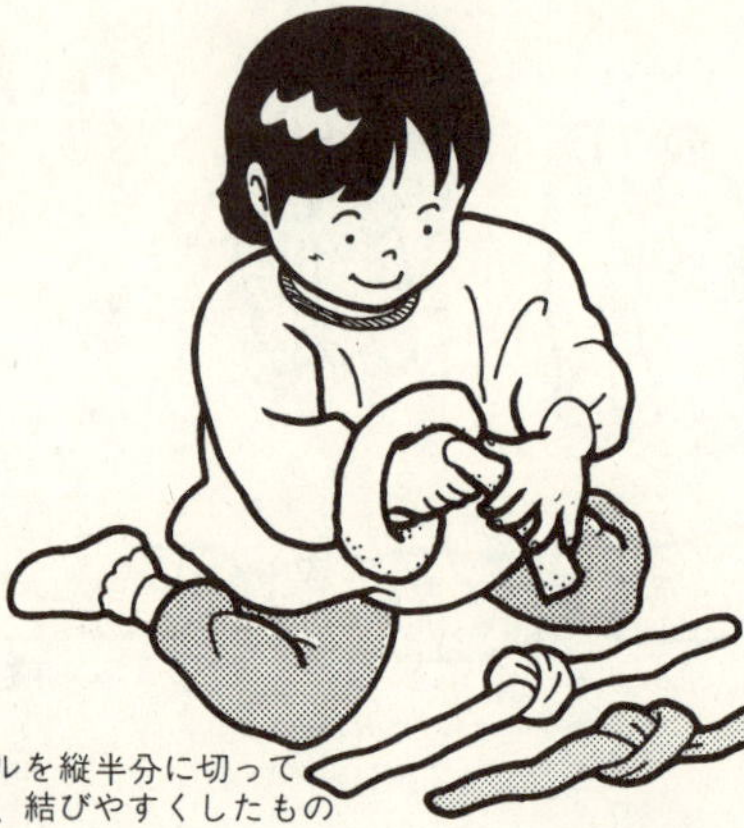
タオルを縦半分に切って
縫い、結びやすくしたもの

②いくつも結ぶ（三歳〜四歳）

細長く切ってたくさんおいて
おくと，どんどん結んでいく

布切れを結ぶ

③結びめをつくる（三歳〜四歳）

④何度も結ぶ（三歳〜四歳）

ビニールひもを結ぶ

二、「三歳以降」——就学前にやっておくべきこと

子どもは、手でいろいろなことができるようになる一歳半ごろから、「できるようになる」ことに無上の喜びを覚えます。できるようになったとき、喜びが顔にもからだにもあふれ、自信があらわれます。そしてその自信が、次の段階へ挑戦する意欲となります。

思いどおりに創作活動を展開していくために必要な技術をしっかり自分のものにしていると、つぎつぎに挑戦し、創りだす喜びを味わっていきます。

その過程をよく観察していると、就学前に、その〈喜び—自信—意欲〉を連続的に育てる技術があることに気づかされます。

「できるようになった！」喜びと自信をバネにして次の段階へ自分で進んでいく子どもから、就学前に身につけるべき〝基礎・基本〟がたしかにあることを教えられます。

それは　折る　切る　貼る　縫う　なのです。

この四つのことは、手先や指の筋肉運動の調整がなされ、決定的に構成され、定着す

る四歳前後に十分に訓練することが大切です。

この四つのことを、自分の思いどおりに実行することができると、幼児期の創作活動や表現活動がじつに豊かになります。だから、この四つのことは、就学後の基礎・基本が「読み・書き・計算」であるように、〝就学前の基礎・基本〟だといえそうです。

基礎・基本の技術を身につけるときは、段階をおって、正確に実行し、確実に習得していくことが必要です。

次に、その段階をふみながら正確に身につけていくのを助ける教材を紹介しましょう。

これも、くすのき保育園の先生たちが子どもの反応を見ながら工夫し改良して作りだしたものです。

［折る］

折紙を準備します。

子どもの手に合ったサイズにすることが大切です。市販の15×15㎝のものは大きすぎて子どもの手にはむずかしいので、10×10㎝か、7.5×7.5㎝に切って、扱いやすいサイズにしておきましょう。

お菓子や贈り物などの包み紙を、折紙用にするといいでしょう。もようが入っていたり色がついていたりした方が子どもの興味をひきます。

〈注意すること〉

・正確に切りましょう。少しでも合わないと子どもはイライラし、いやがります。「合わないー」といいに来たりします。

・子どもにわたす前に自分で折ってみて、紙のかたさは折りやすいか、折り線が見えるか、ためすといいです。

・もようがあまり入りすぎていると、折り線が見えづらくむずかしいようです。

三角折り

折紙との最初の出合いのために次のような段階をふみましょう。

①「折る」という手の動きをゆっくりと、ていねいに見せる。最初は、次の三角折り（山折り）から始める。

②子どもと同じ方向を向き、子どもの右側に座り、手元がよく見えるように意識して、次のような順序で折り方を見せる。

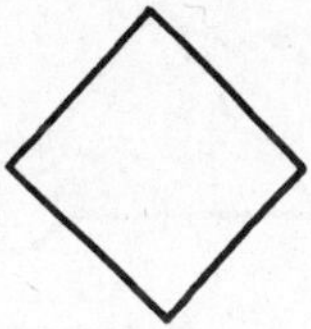

①折紙をおく

②左手をおく。半分よりも上の方におくこと

③右手で紙の手前を持つ

④ゆっくりと右手で持ちあげ、上のかどを合わせる

⑤左手をそっと抜いて、左人差し指でかどをおさえる

⑥右手をそっと離してかどに人差し指をもってくる

⑦右手人差し指で垂直になでおろす。左手はそのまま

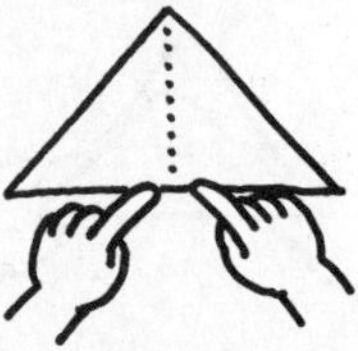

⑧左人差し指を下におろし、右手人差し指につける

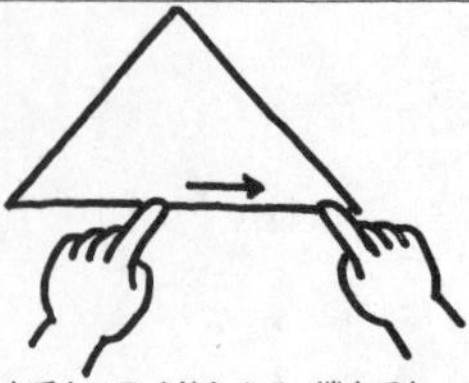

⑨右手をスライドさせて、端までもってくる（指先に力を入れて）

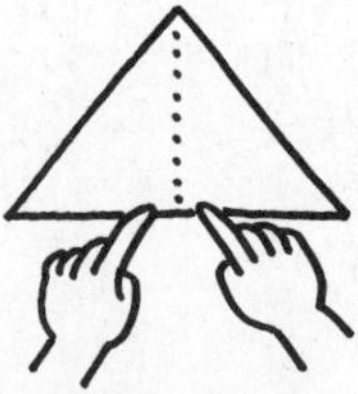

⑩右手人差し指を中央にもどす

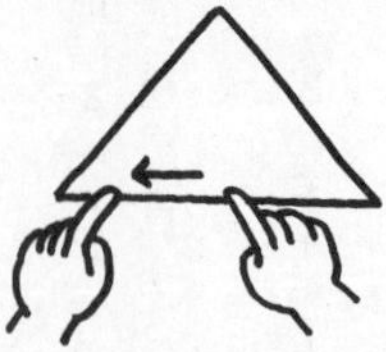

⑪右手は動かさず左をスライドさせる

⑫アイロンがけのできあがり
お山（三角）ができた！

・この「三角折り」（一回だけ折って三角をつくる）を何回も何回も経験することが大切です。

はじめは、かどを合わせるのにもたいへんな努力がいります。

やっと合わせた、と思っても、おさえる指がうまくいかないと、ズレてしまい、なかなかうまくいかないものです。

それでも、あわてず、先を急がず、何度もここまでの基本動作を、くり返しやらせてあげることが必要です。

〈ポイント〉

・一本指（人差し指の腹）で、折り山をしっかりおさえることが折紙の基本。

子どもには、「アイロンをかける」という言葉を使い、「アイロンがけをしっかりしよう！」とさそいかけてみましょう。「指の腹が痛くなった」といいだす子もいるでしょう。

・折り方がいいかげんになってきたかな、と思ったら、もう一度ていねいにして見せましょう。

お山　二回折り

三角折りができるようになったら、それをもう一度折って二回折りをしてみましょう。

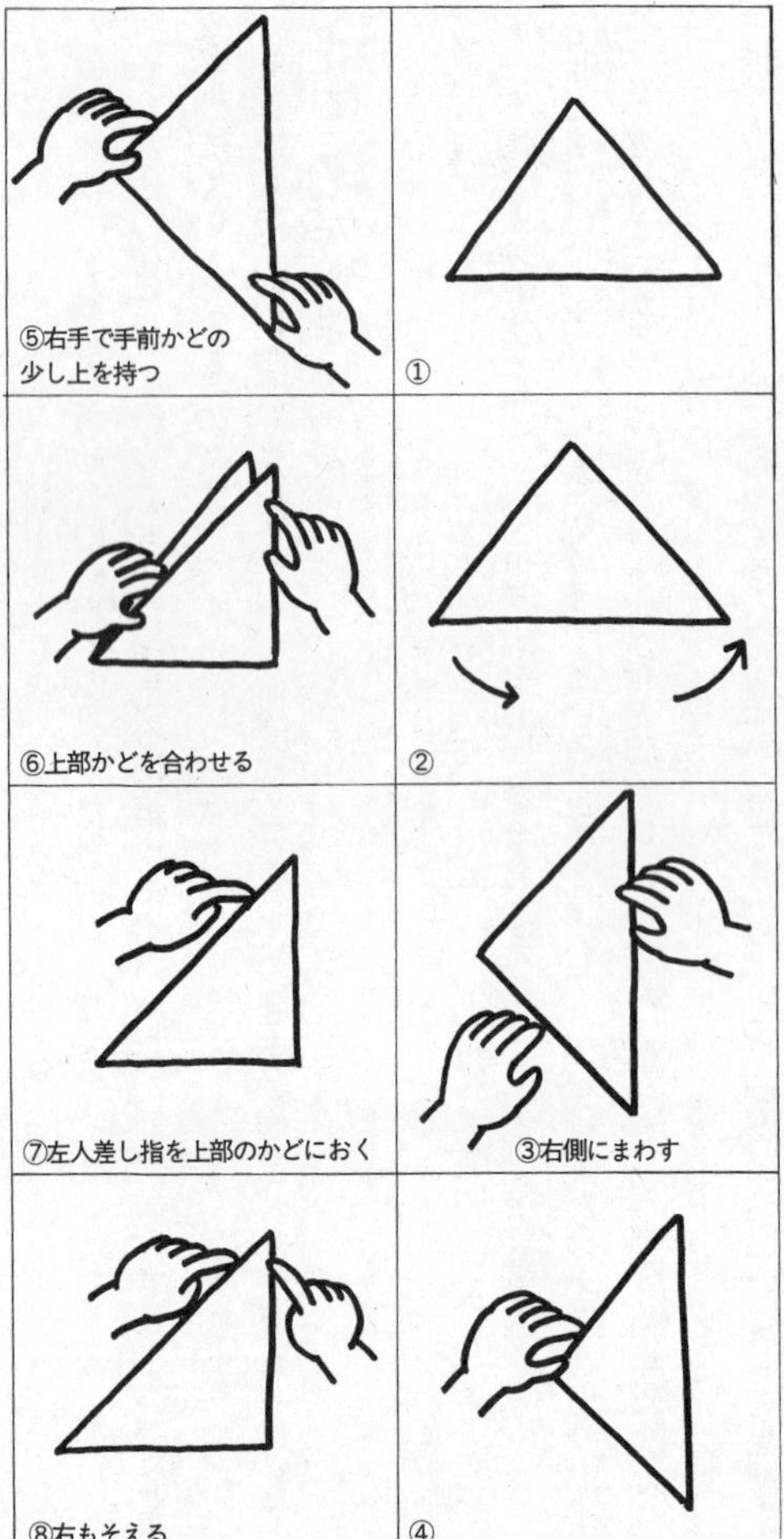
①
②
③右側にまわす
④
⑤右手で手前かどの少し上を持つ
⑥上部かどを合わせる
⑦左人差し指を上部のかどにおく
⑧右もそえる

⑨右手をスライドさせ
下のかどに持ってくる

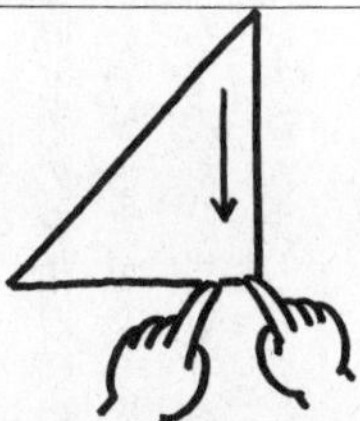

⑩左手もスライドさせる

⑪左手を矢印方向にスライドさせる

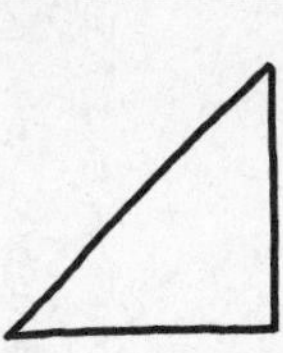

⑫できあがり

一回折りで「三角」（お山）ができます。それを、さらに折って、二回折りをすると、「三角」（お山）は、机の上に立ちます。すると、子どもはうれしくて、折りあげたものを、机にいっぱい並べていきます。

この基本動作が、しっかりできるようになると、これを基礎として、チューリップ・かぶと・あじさい・せみ・うさぎなど、段階に応じて、多種なもの、より細かいものに挑戦していくようになります。

たくさん折ることで基礎が身につく

四歳児後半から五歳児になると、小さいサイズ（5×5㎝ぐらい）から、大きいサイズ（15×15㎝ぐらい）まで紙の大きさをいろいろ変えて折り、折りあがった作品を較べたり、「お父さんと子ども」「お母さんと赤ちゃん」などと話をつくりながら増やしていきます。

指先がよく使えるようになると、より細かなものをつくりたいといいだしますので、そのときによく対応できるよう、いろいろなサイズに用紙を切り、子どもが取りだしやすいように棚に用意しておくといいでしょう。

先を急がず、何回も同じものを折り続け、より正確に折れるようになることが重要です。同じものがたくさんできますが、それを台紙に貼ったり、つないだりして、さらに立体的な作品に仕立てる工夫をしましょう。

たとえば、次のような方法があります。

①折ったものを貼る

・折ったものをたくさん台紙に貼っていきます。貼るスペースを考え、適切な大きさの台紙を用意してください。
・いろいろお話をしながら、のりで貼っていくと、どんどん想像力が広がっていきます。貼っているうちに、「ここに、お家をつくろう」などと折りたしていく姿が見られます。
・同じ形で色が異なるものを組み合わせて、美しい図柄を構成していきましょう。子どもが思いがけないほどの工夫をし、展開していくのが見られます。

②折ったものに貼る

・折れたものに目を描いたり、もようを描きこんだりします。
・穴あけパンチで穴をあけたり、のりでつないだりします。まだ小さいので、指先のコントロールが必要です。また、どの指でのりをつけるかを工夫すると、より細かく指が動くようになります。

［切る］

(1) 切り落とし

薄手の張りのある紙を用意しましょう。切るのに力が少なくてすみ、また片手で持っても紙が曲がらずに真っすぐになる紙が適切です。たとえば、古いはがきなどがいいでしょう。

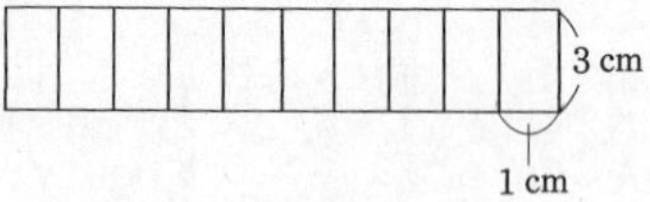

〈順序〉

①はさみの刃先を大きくひろげた中に、左手で持った紙の中心をもっていく。

②刃先をゆっくりしめていく。

〈注意すること〉

・切った紙が散らばらないように浅めのカゴかトレーを準備します。

・切ったあとの紙をビニール袋などに一つずつ、つまんで片づけることも子どもにとっては興味ある作業です。

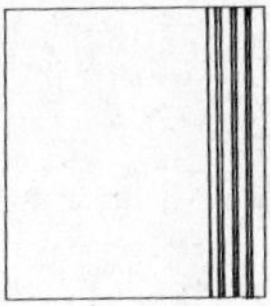

5㎜幅に切ったものから
幅を広げていく

（2）切り落とし（連続）

刃先を何回か連続して開閉しなければ切り落とせない幅（3㎝〜）を切ります。

はがきやティッシュペーパーの空き箱など、いろいろな素材を好きなだけ切ったあとで、切る位置を指定します。

はがきなどに、1㎝幅のはっきりした色の線を書きくわえ、その線にそって切っていきます。

〈順序〉

①紙の端を左手で持つ。

②はさみの刃先を半分ほどひろげ、その中に紙を入れ、線と刃先を合わせる。

③刃先を線の上をなぞるようにして閉じる。

（3）幅をひろげていく　一枚に描く線を増やしていきます。

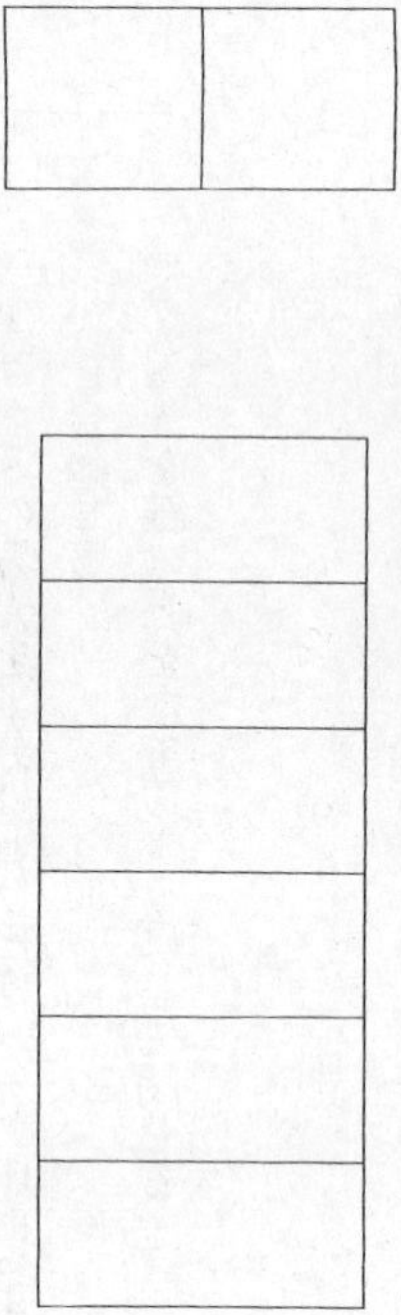

（4）曲線　カーヴをだんだんきつくしていきます。

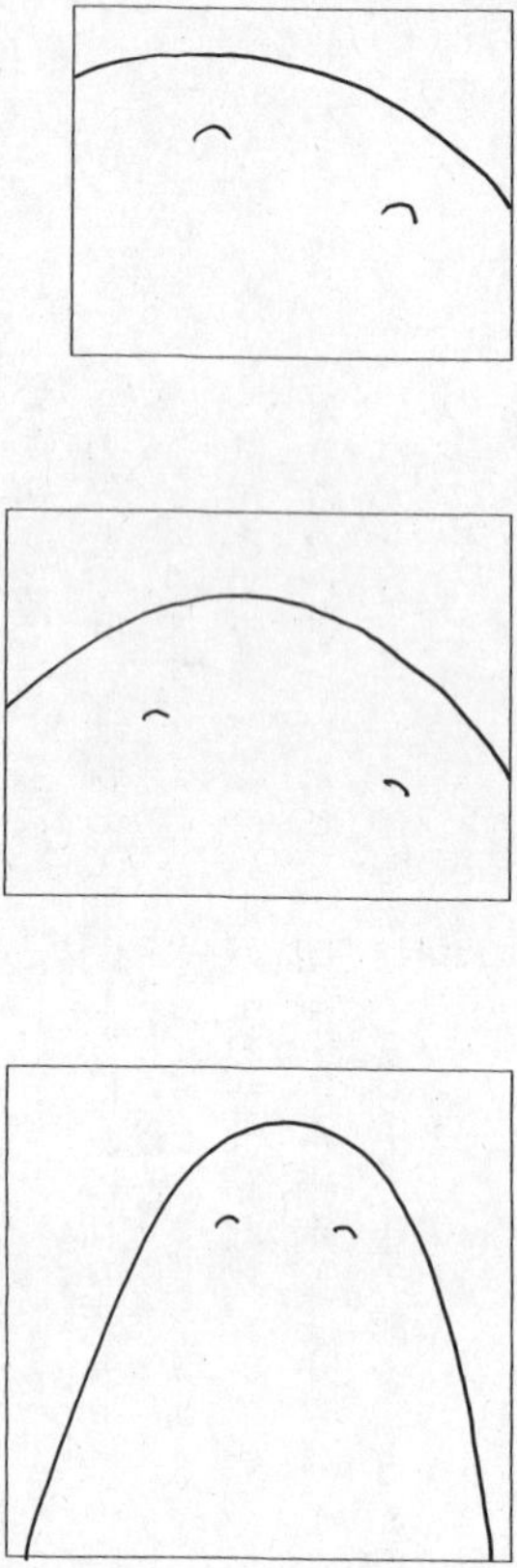

（5）うず巻き「うず巻き」は最初、かならず逆時計回りのこと（左ききは時計回り）。

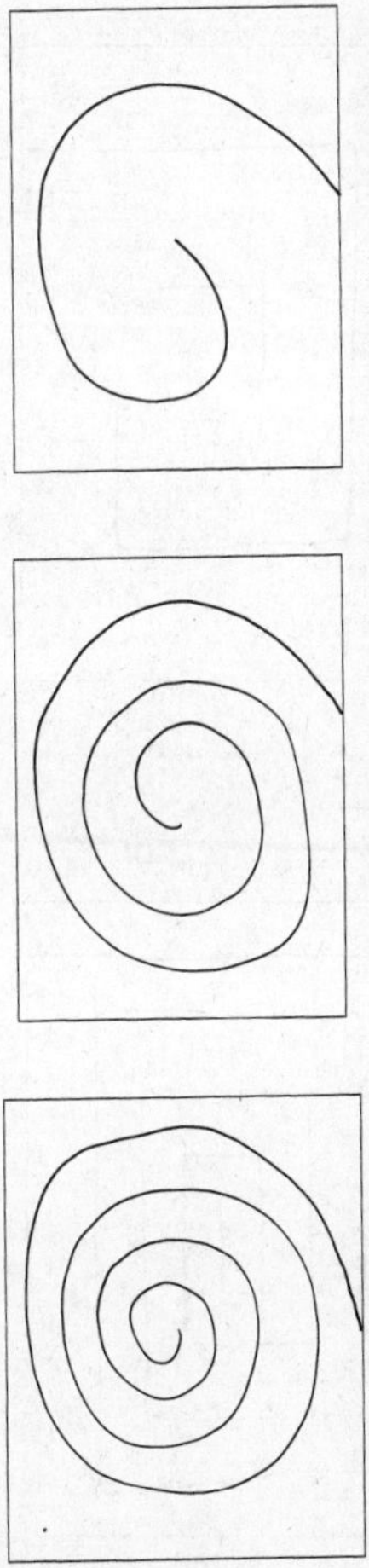

（6）波線

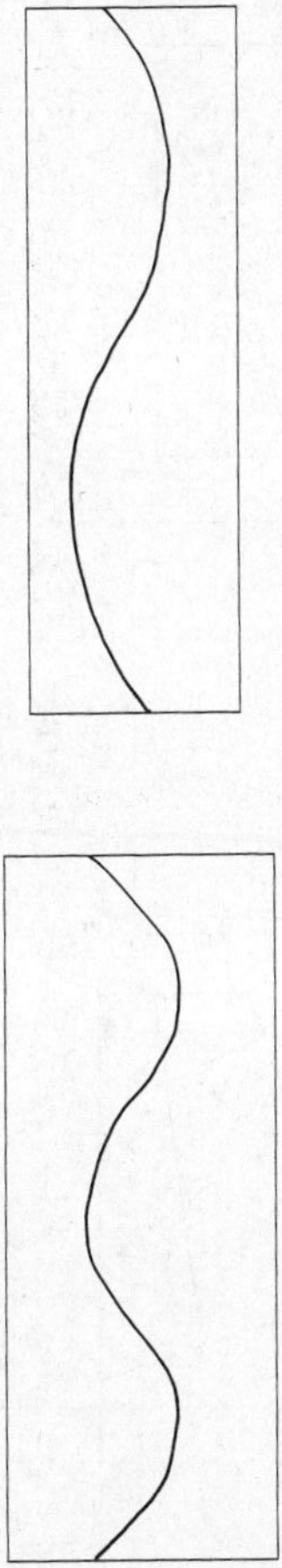

（7）かどを切る　最初は刃先を早く方向転換することができず、かどが切れないときがあるので、かどを意識するために、しるしをつけるといいでしょう。

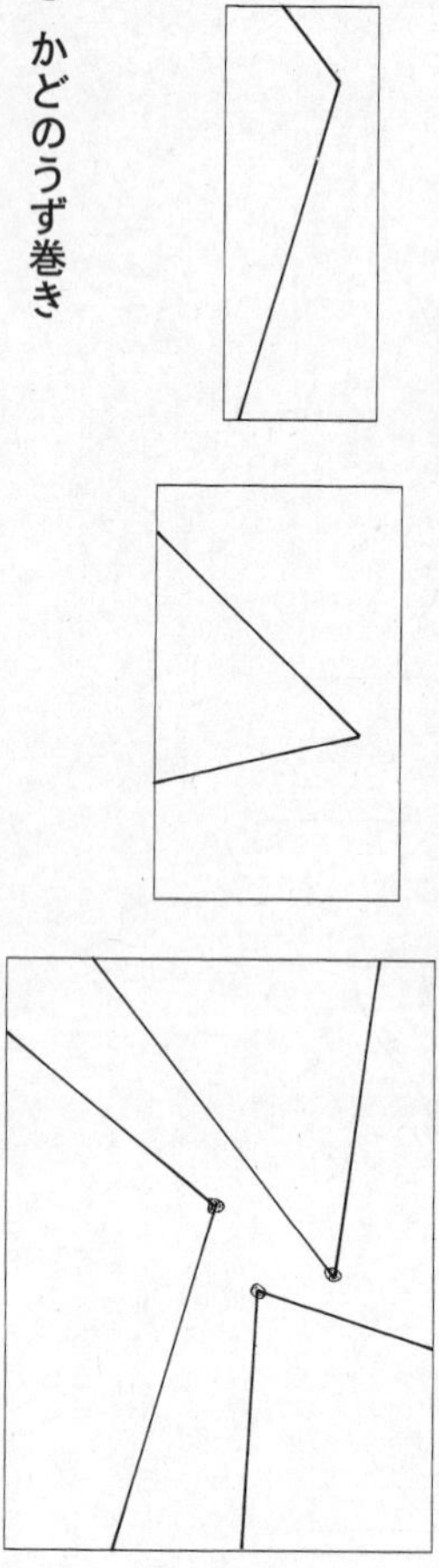

（8）かどのうず巻き

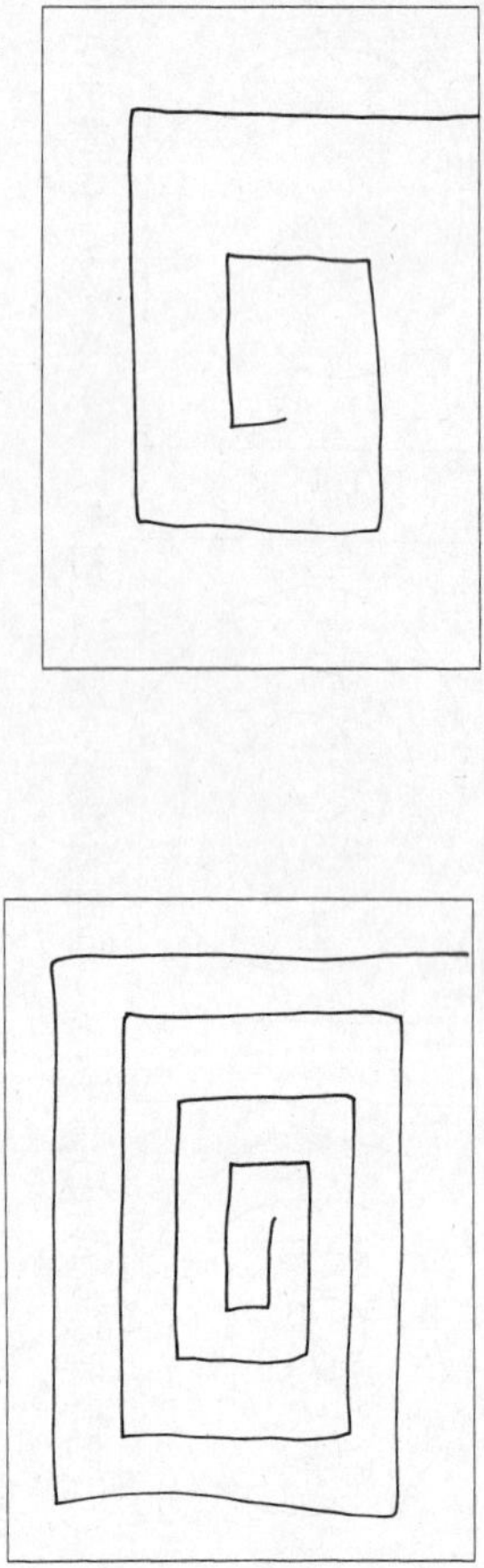

(9) ギザギザ波線

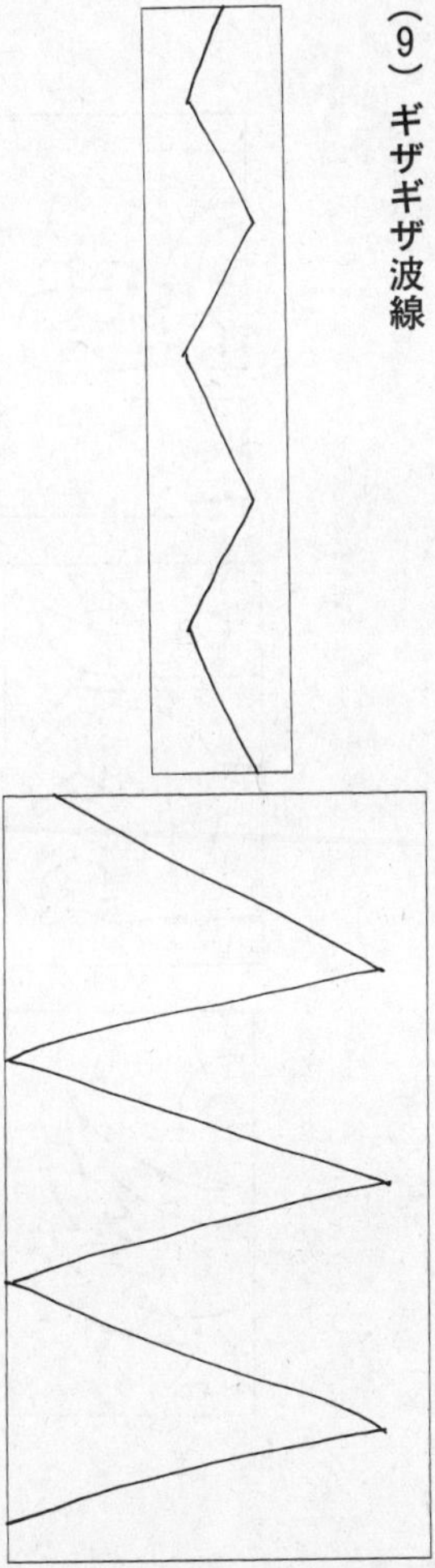

(10) 切り抜く

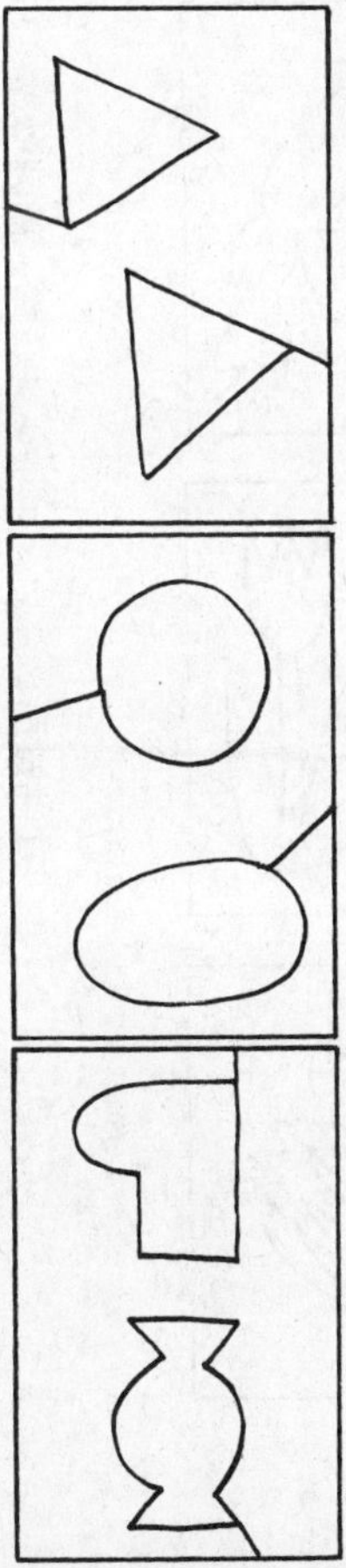

(11) 二つ折り図案　紙の大きさ10×13㎝（三歳用）

二つ折り図案

紙の大きさ10×13㎝（四歳用）

四つ折り図案

紙の大きさ25×25㎝（五歳用）

切り始めと終わりは、折り山につけておくといいです。

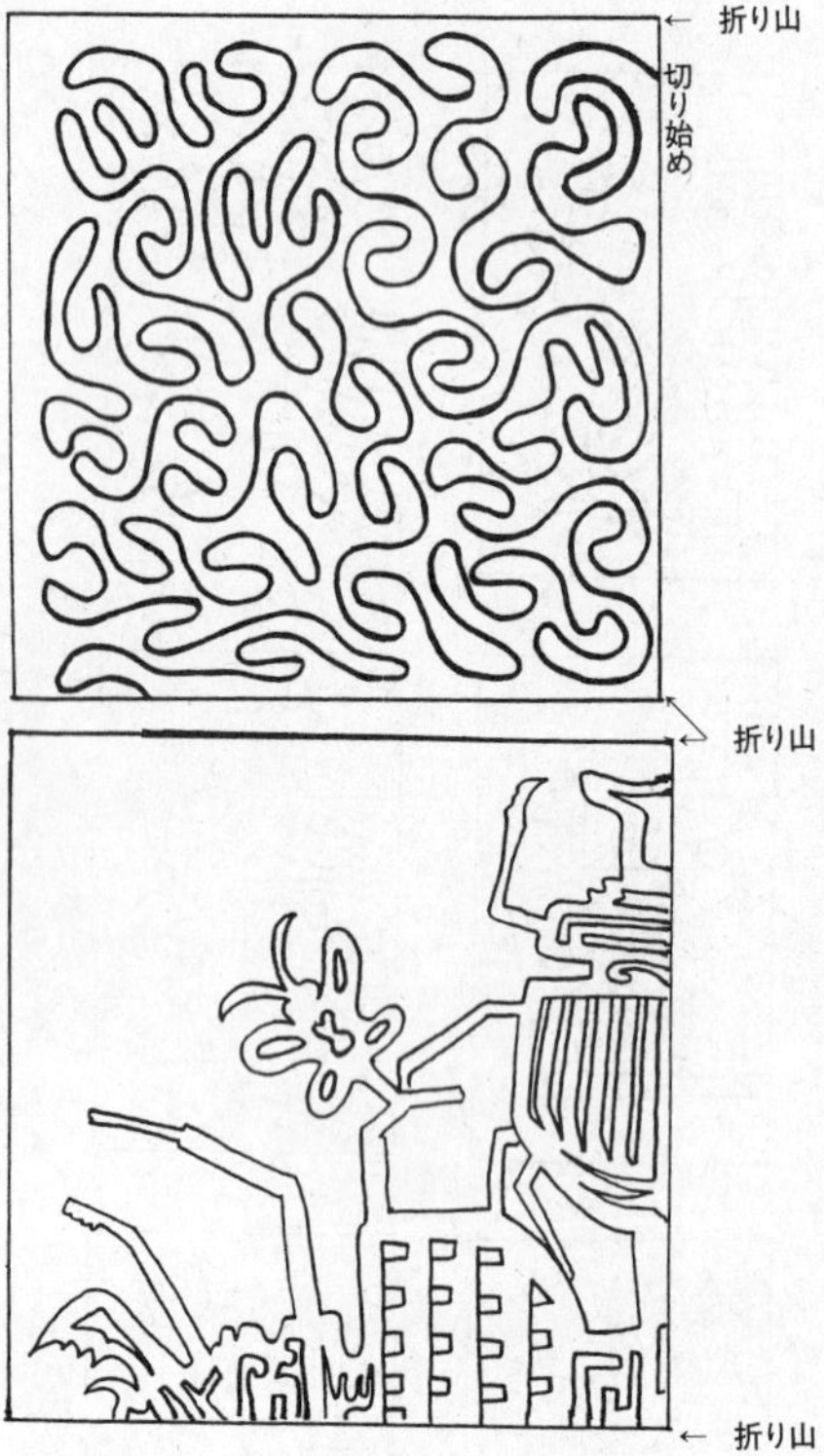

・また、応用としていろいろな素材を切るのもいいでしょう。たとえば、和紙、厚紙、ひも、毛糸、アルミホイル、アイスクリームの容器、牛乳パック、ビニール袋など。

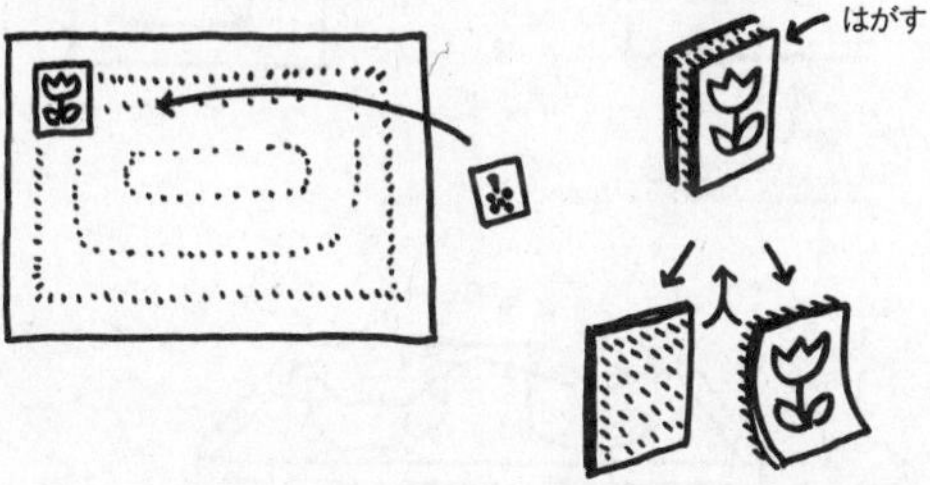

[貼る]

シール貼り　前段階　一歳半

紙のシールを「貼る」ような細かな作業がまだむずかしい一歳半ごろに、「布製マジックテープ」や「ビニール製磁石」で、端をつまんで「はがす」「貼り合わせる」ことができる教材をつくっておきます。

布製マジックテープでシール貼りの前段階を経験させせましょう。

①白い台布の方と柄のついた方をはがしたり、くっつけたりする。

②①ではがした柄のついた方を、大判の台

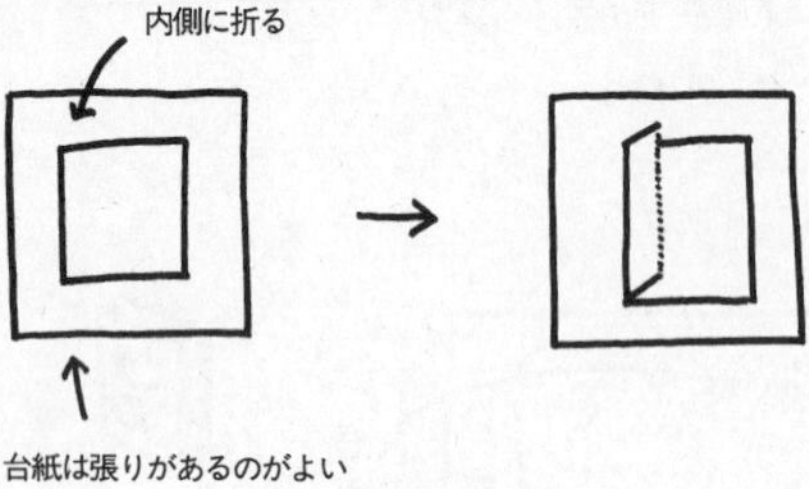
内側に折る
台紙は張りがあるのがよい

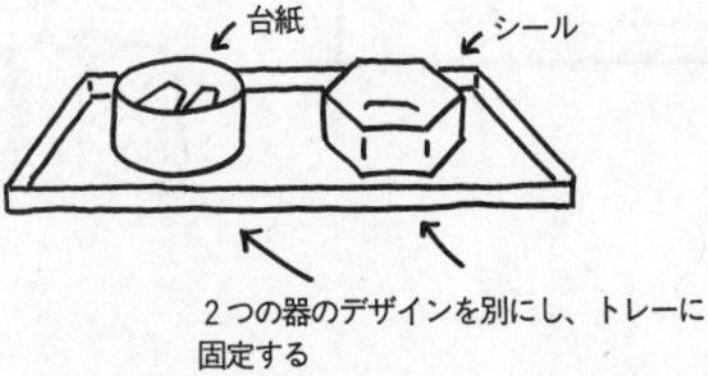
台紙
シール
2つの器のデザインを別にし、トレーに固定する

に貼る。

これによって、柄の裏表を認識したり、シール貼りの手順を知るようになります。

初期　一歳十か月〜

張りのある台紙と大きめのサイズ（2×2㎝）のシールを、端を少し内側に折り込んではがしやすくして、器に入れておきます。はがしたシールは、壁面や机上に固定した大判の紙に自由に貼ります。

・シールをはがしたあとの台紙を入れる器も並べておきますが、シールを入れた器と台紙を入れる器とは、デザインを別にし、トレーに固定しておきます。

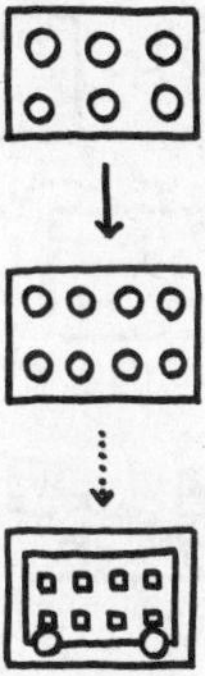

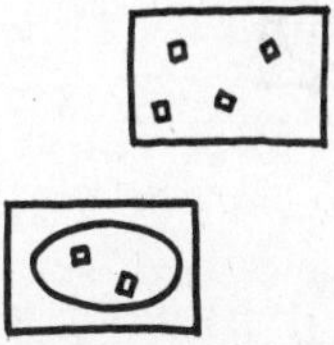

中期　二歳〜

シールのサイズは初期より小さくし（1.5×1.5㎝）、端は折りません。

①初期に続き、白紙（10×7㎝）などに自由に貼っていく。

②少し狭くなった範囲の内側に貼っていく。（バリエーション→範囲の枠の図案を変える。たとえば、車型・三角・線の色、など）

③一つの枠の内側に一枚ずつシールを貼る。枠のサイズを徐々に小さくしていき、最後には、シールサイズに近づけていく。（バリエーション→枠の図案を変える）数も増やしていく。

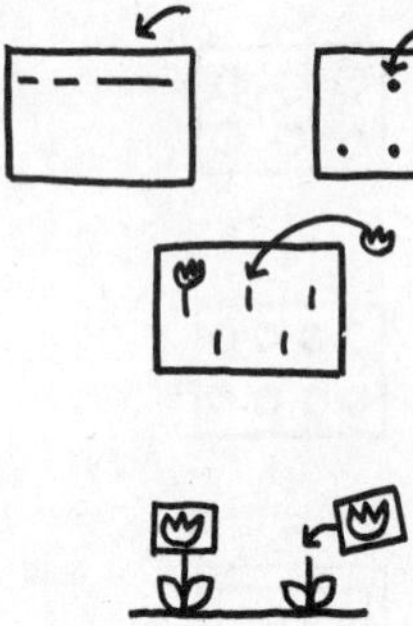

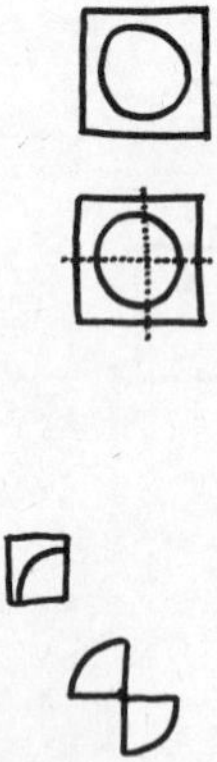

④点の上に貼る。
（バリエーション→図案をいろいろ変える）
棒線の上に貼る。
（バリエーション→図案をいろいろ変える）
⑤直線上に貼る。
直線をかくすように貼る。
（バリエーション→図案をいろいろ変える）
※果物屋さんであまっているりんごや夏みかんなどのシールをもらうと、二歳ごろにはいいでしょう。

後期　二歳十か月～

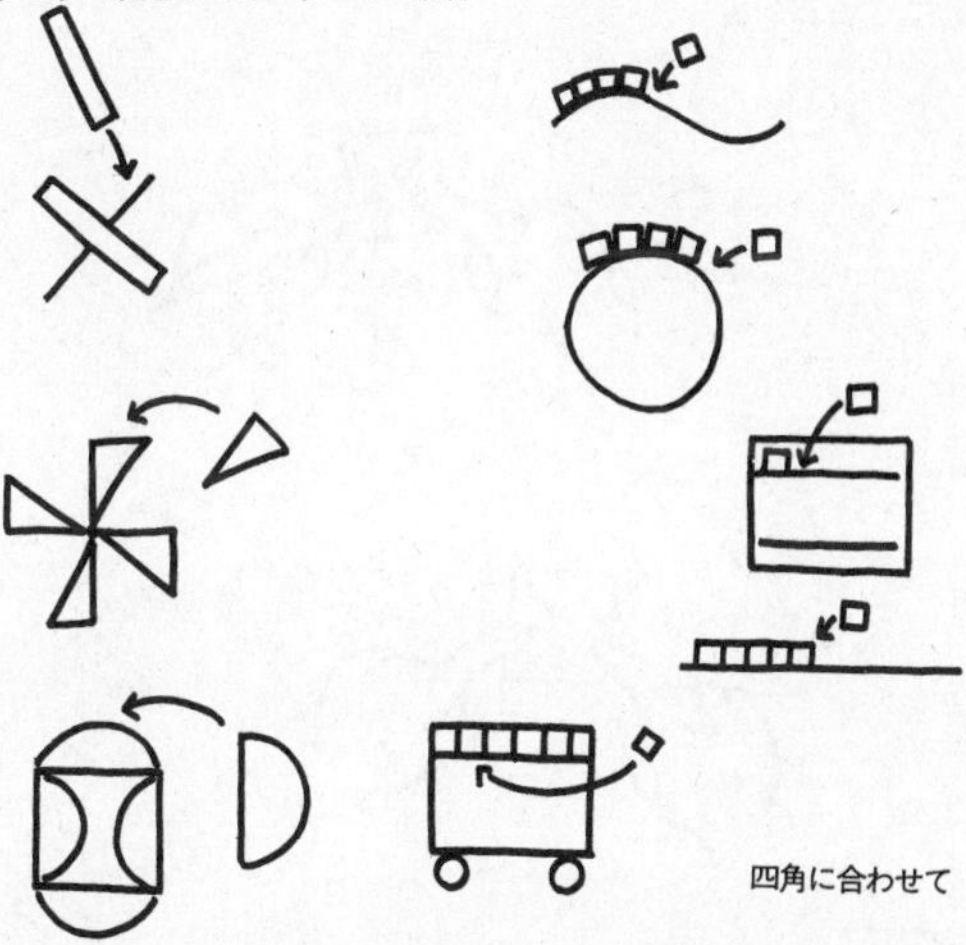

シールのサイズは、0.8㎝四方ぐらいの小さなものや3×0.5㎝ぐらいの細長いものなども使用できます。

①直線貼り。

・線にシールの一辺を合わせる。

・同時にシールの間に隙間ができないようにシールの左端をきっちり合わせていく。

②曲線貼り。

③円状に貼る。

④図案の内側に埋めて貼る。

⑤工夫しながら貼る。

・細長いシール（3×0.5㎝等）を線上に貼る。

・いろいろなシールがまざった中から選んで色別に貼る。

・形の変わったシールで構成貼り。

のり貼り　図形貼り

〈準備するもの〉

のり・のり刷毛《ばけ》・スポンジ・紙をふく布・台紙と図形・のりづけの下敷き

〈順序〉

①一枚の台紙をとり、それと同じ図形を探す。

②図形を裏返す。

③一方の人差し指で図形の中央をおさえ、もう一方で外側に向かってのりをつける。

④図形を表に返して貼る。

⑤スポンジでおさえる。

（A）図形を形に合わせて貼る。

①丸（円形＝上下左右が同じもの）を一つだけ貼る。

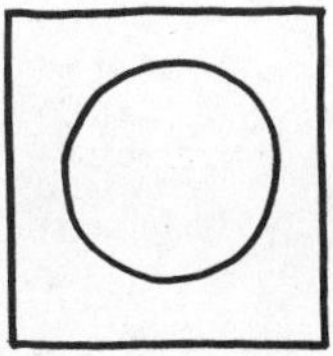

②同じ図形で数を増やす（対称形でない図形＝ひっくり返すとできない図形）。

③多種の図形を組み合わせる。

④角度・辺・曲線などを組み合わせて複雑なもように貼る。

⑤自分で好きなように構成する。

（B）図形の見本を見ながら再構成する。

①線に合わせて貼る。

②具体的な形を組み合わせる。

（C）見本がなくても自分で好きなように構成する。

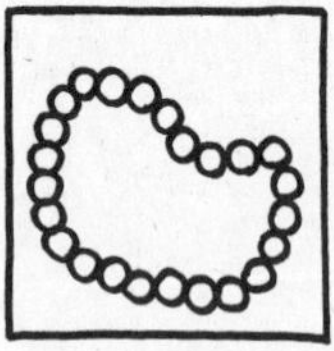

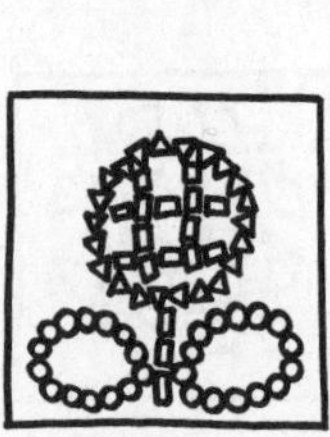

（D）幾何学的もようをつくる。

色・形・大きさなどを認識し、対称にしたり、段階をつけたりして、並べたり、組み合わせたりします。それによってできていく幾何学的図形を発展させていきます。

（E）応用として立体的なものを貼り合わせたり、紙をちぎったりして貼る（工作へ発展）。

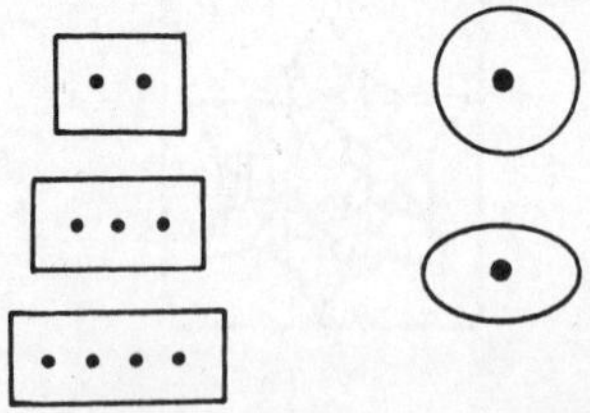

穴のあいたおはじきなどで
まずひもを通す練習をする

フェルトなどに
ひもを通す

[縫う]

「縫う」以前に「通す」作業をいろいろ経験しましょう。

①針金のような細いものに、ビーズやのれん玉などを通す。

②穴のあいたおはじきや玉などにひもを通す。

③穴をあけた3~5㎝ぐらいのフェルトや薄い木片にひもを通す。

④ひも通し縫い。

〈準備するもの〉

安全と使いやすさを配慮します。

・針(毛糸用とじ針を針山に一本だけさしておく)

・毛糸(中細程度で糸巻きに巻いてお

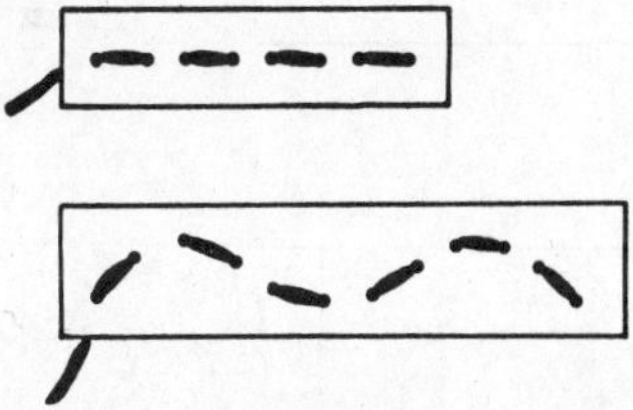

ひもを穴に通していく

く）
・はさみ
・穴あけ用針（牛乳のキャップ抜き）
・穴あけ用下敷きの台布
・これらの道具を整理して入れる箱
・ケント紙などに描いた図案（等間隔でしるしをしておく）

右のような道具を机の上におき、針を使って縫うまで、針の使い方、針や糸の処理など一連の手順や動作を、一つひとつ、はっきり、ゆっくり、してみせるようにしましょう。

〈順序〉

①教える人の手が見やすい位置（左側）に、子どもを座らせる。
②図案を台布の上におく。
③右手に穴あけを持ち、左手で図案をおさえ

一度縫い（曲線）

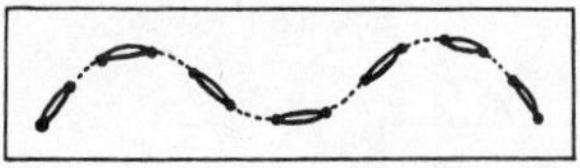

一度縫い（直線）

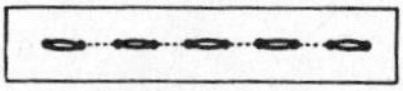

（点線は裏）

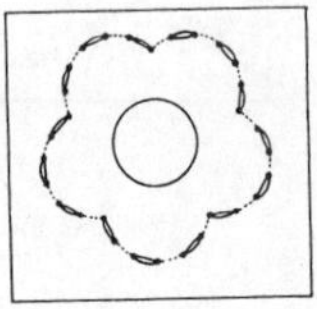

る。

④しるしのところに端から順に穴をあける。

⑤左手で針をもち、右手親指と人差し指の先に毛糸の先を1㎝くらいだして穴に通す。

⑥机の上に毛糸の通った針をおく。

⑦適当な長さに毛糸を切る。

⑧毛糸の先二本を合わせて結ぶ。

⑨結び目の先からでている毛糸を切る。

⑩左手で図案をもち、裏側の端の穴から針を通す。

⑪表に返し、針を引く。

⑫次の穴に針を通し、裏返して針を引く。

⑬端から端まで、以上のように縫う。

⑭最後の穴まで通したら、毛糸を5㎝ぐらい残して切る。

⑮針を箱に戻す。

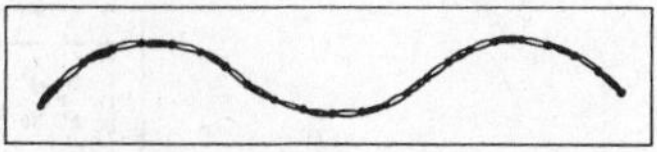

二度縫い

ちがいをわかりやすくするため２色の糸を使う

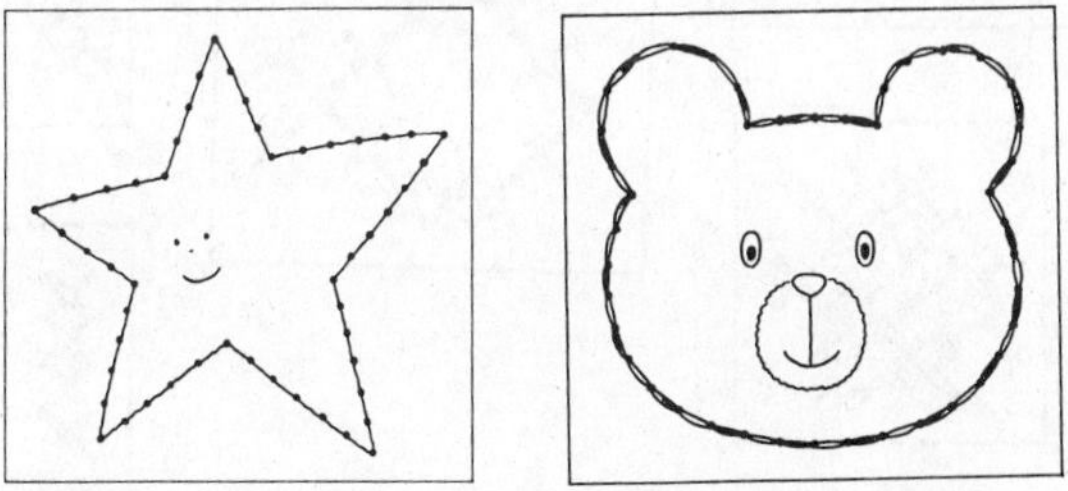

点の間隔は１㎝ぐらい

⑯二本の糸を左右に分け、結ぶ。

一度縫い〔直線→曲線→かんたんな図柄〕

・点（しるし）は1.5㎝ぐらいの間隔。

・点は、偶数にすること。

・点の上をとがったもので穴をあける。

・その穴にそって毛糸針で縫う。

二度縫い

・二色の毛糸を使い、ちがいをわかりやすくする。

・直線から直線、かんたんな図柄（点の間隔は１㎝ぐらい）から複雑な図柄へと進む。

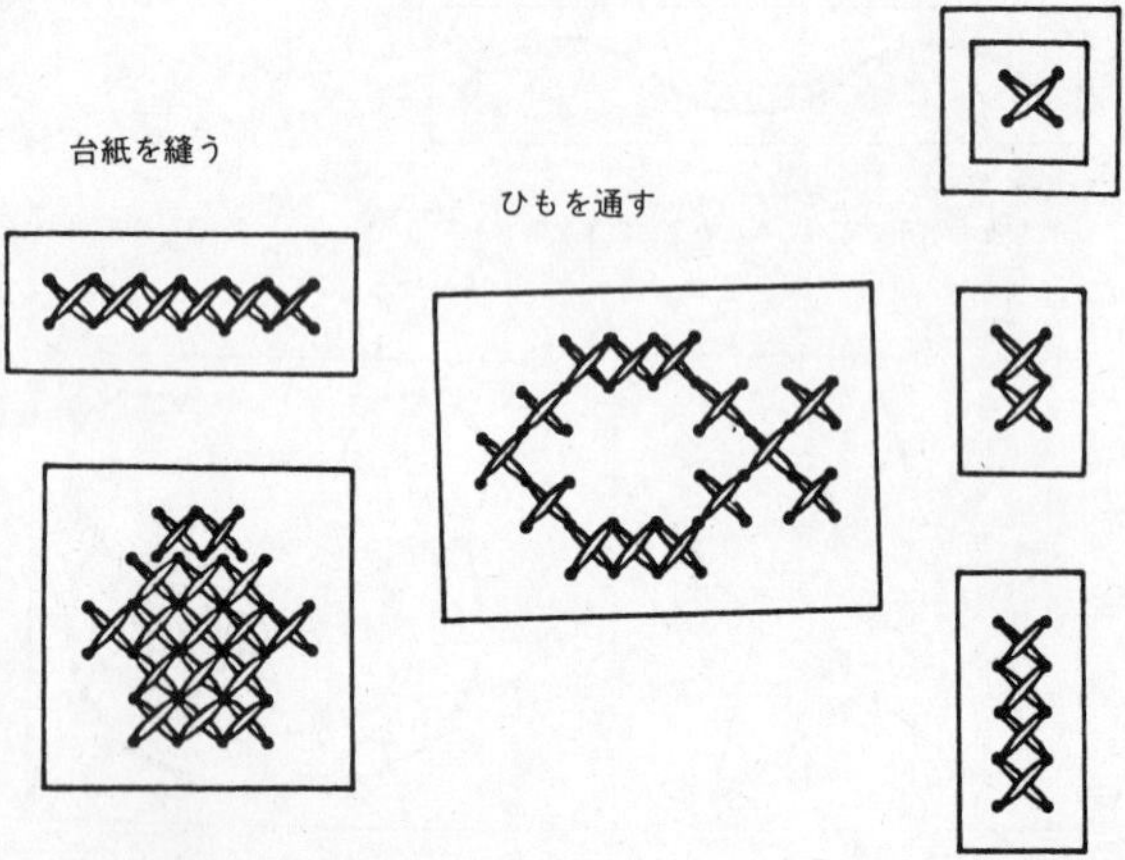

クロスステッチ

①クロスのつくり方を理解する。
・一つのクロスをひもでつくる。
・二つ→三つ→四つのクロスぐらいまで、クロスをつくる基本を知るために厚紙か板に穴をあけたものを準備。
・ひもでクロスをつくる。
②ひもでクロスステッチ。
③台紙をクロスステッチする。
・最初は直線やかんたんな図柄。
・複雑な図柄。
・自分で配色を考えながらする。
④布を縫うクロスステッチ。

制作活動に必要なこと

手が思いどおりに動き、道具を自由に操作できるようになると、今度は、それらを駆使して、自分のイメージどおりに創造する制作活動への意欲がでてきます。

たとえば、五歳児が厚紙を使って自動車をつくっているとき次のような段階をふんでいます。

①絵を描く、②厚紙をはさみで切る、③穴をあける、④定規で線を引く、⑤組み立てる、⑥のりで貼る、⑦車輪をつくる、⑧動くように仕上げる

このような段階で、「手」は次のような活動を総合的にしています。

「折る」「切る」「貼る」「縫う」はもちろんのこと、「にぎる」「つまむ」「ねじる」「引く」「押す」「はめる」「はずす」「通す」「穴をあける」「描く」「線を引く」などです。

創造力を発揮するためには、基本的なことが、乳児のときから積み重ねられ、習得されていることが必要です。また、これが将来、「数」や「言葉」などを習得していくうえでの土台となります。

第六章

子育てに大事な五つの鉄則――イラストによるまとめ

子どもには敏感期があること、そして、お母さんにも「子どもの敏感期」に対応して良い苦労をしたいと情熱を燃えあがらせる「お母さんの敏感期」がありそうだと述べてきました。そして、「良い苦労とは、こういうことなのだ」と、特に第三章や第四章では具体的な例をあげました。

しかし、もっとも大切なことは、お母さん自身がこのような事例を自分で生みだせる人として深まっていくことです。そのために肝に命じておくべき大切なことを、次にイラストにしてまとめました。

すばらしい教材を次々に生みだしている「くすのき保育園」では、教材づくり以前に、次にあげる五つのことを保育のスローガンとしています。ここにあげるイラストは、このスローガンでいろいろな経験をつんできた保母さんたちの創意工夫から生まれてきたものです。

子どもにかかわるお母さんたちが、この五つの鉄則をしっかり身につけると、おのずから教材も生みだせるようになり、子どもも内面から成長をとげるようになるのです。

この五つの鉄則は、モンテッソーリ教育からヒントを得た原理です。短いスローガンのような言葉ですが、ここには科学的な根拠のある大事な内容が含まれています。ですから子どもとともに生きる生活の中で、この短い言葉をいつも肝に命じ、しゃぶるように味わうと、子育てをしていて〝ハッ〟と気がつく瞬間があるはずです。

くすのき保育園の園長先生が保母さん方に、「この五つのスローガンを絵であらわしてください」という課題をだされたところ、じつにさまざまな絵がでてきました。まさに十人十色でした。ということは、この短い言葉から十人が十様の理解をしているというわけです。ここでは、その一部を紹介します。お母さん方が、この短い言葉を生活の中でくり返し味わい、子どもの本質に出合っていかれることを願ってやみません。

一、大人と子どもはちがう

いくら顔が似ていても大人と子どもはちがうのです。

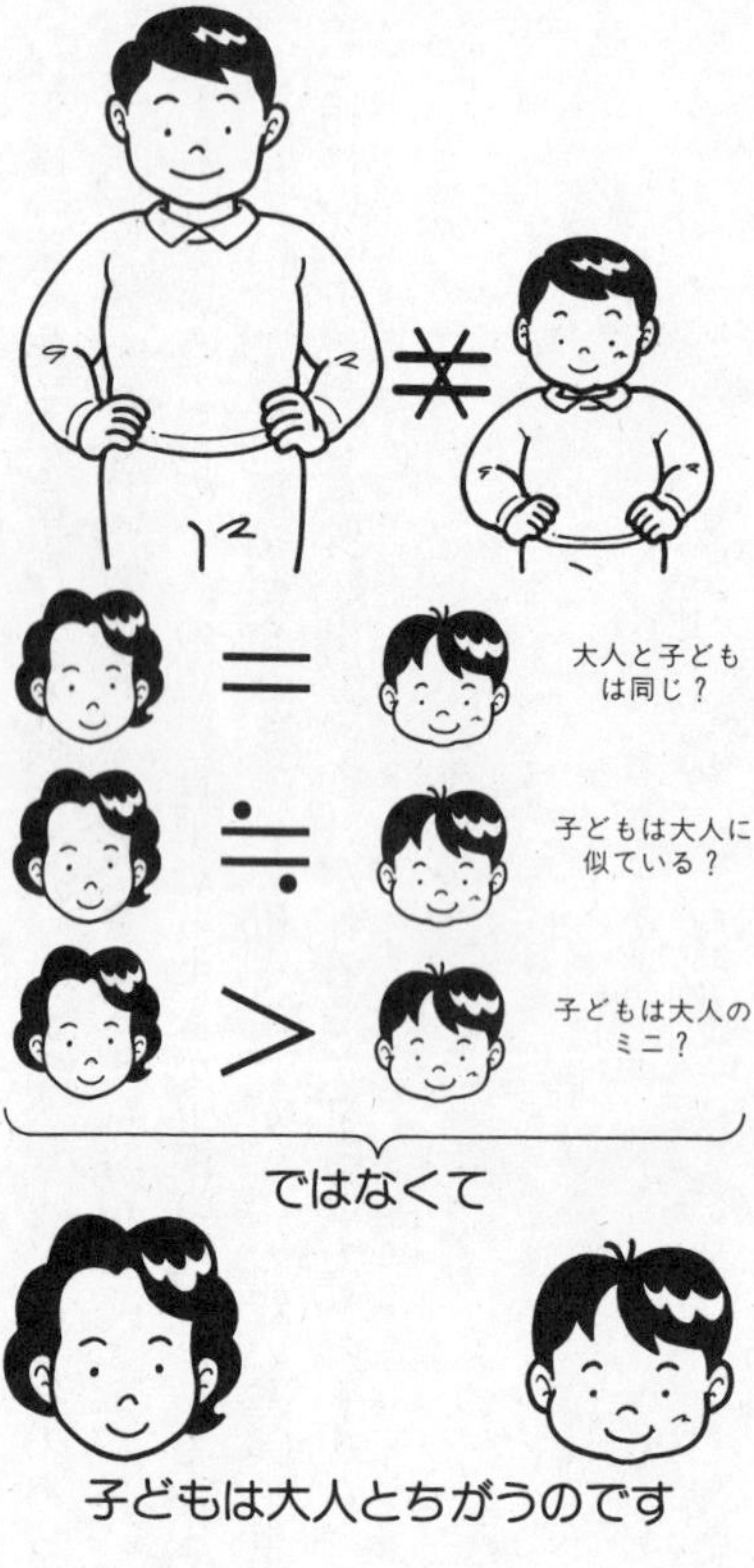
大人と子ども
は同じ？
子どもは大人に
似ている？
子どもは大人の
ミニ？
ではなくて
子どもは大人とちがうのです

〈大人の目的は結果、子どもの目的は過程〉

おそうじ

きれいにしなくちゃ
能率よく…
サッサッサッ
集めたい
つまみたい

一枚ずつ、一つずつ

お皿運び

どうしたら
手際よく
できるかしら？
カチャ
カチャ
カチャ
もう一回運びたいなあ。
今度は、コップ

あれもこれも欲ばって運ぶ

一枚ずつ、そっと

二、子どもの動きをよく見よう

1「なんで、そうするの？」

何して
いるの？
何がそんなに
おもしろいの？
なぜそんなこと
するの？
クルッ
クルッ
あっ！まわる！まわる！
手が動く!!おもしろ～い!!
もっと!!もっと!!
みーんなどの子も
やるのよねー
どうして!?

じっと見ましょう。

・どの子もその場にくると、同じことを始める。

・くり返しやっている。

2 「何に困っているの？」

何に困っているのかをよく見る。

よく見ましょう。
- 何に困っているか？
- どういうときに助けを求めるか？
- どこができないで、いつもスネるか？

どう教えたらいいの？

↓

何が原因なの？

↓

こんなふうにしてみようかしら？

三、子どもは見ている

1 子どもは親を見ている

おかあさん
アイロンかけてる

はい、きれいになった
パン
パン
パン
なるほど！
お母さんのように
すればいいのね!!

2 子ども同士よく見ている

小さい子どもたちは、窓やベランダからいつもお兄ちゃん、お姉ちゃんたちの活動をじっと見ている。

お兄ちゃんたち、すごーい
お兄ちゃん どうかな？

四、不言実行

1 一つのことだけ伝える

服はたためるでしょ！
ボタンはめられた？
服の裏表がわからないの？
ウ～～ン
一つずつじゃ
ないと
わからないよォー

パジャマを脱いで
服を着てから、顔を
洗っておいで…。あっ歯も
みがくのよー
一度に
いわれても
ぜんぜん
わからないよー

一度にあれもこれもとよくばらずに、一つのことだけを伝えましょう。

・一つだけ見せると、子どもはしっかり見、また理解できる。

・いろいろいっしょくたにいうと、子どもはわからない。

2　ゆっくり見せる

順序立ててゆっくり見せるとわかる。

さあ！
早いところ片付けて
しまわなくっちゃ
えっ!?もうたたんだの…。
はやすぎて目がまわる…。
何にもわかんないよぉー!!

A子ちゃんがわかる
ように、ゆっくりと
たたんであげましょう
フムフム…。
どこをもったらいいのか
よくわかるなぁー!!

①子どもには、大人のしかたははやすぎて理解できない。
②子どもはスローダウンした動きに興味をもつ。
③ていねいに正確に見せる。
④何度もくり返し同じことをする。

五、熟成

①やり始めは下手。

②何度もやっているうちにコツがわかる。

③わかったらさらに、くり返し、くり返しやる。こうして一つのことを熟成することが大切。

④熟成したとき、初めて「次の段階へチャレンジする」意欲と力がわいてくる。

周囲の大人の理解が必要

できた成果だけを喜ばないことです。くり返すうちに、手や大脳などが完成へ向かっていくのです。

同じことをくり返しやったおかげで、からだとともに、充実感、喜び、自信など、心も育ち、さらに高度な活動へ自発的に進んでいきます。

①
アッセ　アッセ
②
うん
わかった!!
③
④
よし、次へ
チャレンジ!!

あとがき

ブルームというアメリカの教育学者が、芸術と運動と自然科学の三つの領域で、世界のトップクラスになった人たちが、小さかったときどんな教育を受けたかを、大々的に調査研究しました。その中で「家庭と初期学習の役割」について興味深い報告があります。

その人たちに共通している一つのことは、親たちが、家庭のいろいろな雑用や責任を小さいときから分担させたということです。四、五歳ごろから、日常生活において子どもに適切に責任をもたせて自律的に行動できるように何度もくり返して強調したというのです。その人たちはやがて特定の専門領域に興味をもち始めると、ベストを尽くすこと、しっかりやることなど、小さいときから家庭の中で親からいわれ、毎日繰り返し実行していたことが役に立って、ついに世界のトップレヴェルにいたるまでの訓練に耐えぬくことができたのだそうです。

私は人生の後半に入った今つくづくと、ここに含まれている真理を実感します。

私が小学生のとき、長兄は、十二畳の部屋をほうきではき、次兄は玄関の広い板の間を雑巾でふき、私は玄関のコンクリートの部分をはくのが日課でした。友達が誘いにきて、そこに待っていても、その分担をしてしまわないと登校してはいけなかったのです。兄たちとこの厳しい日課を免除してほしいと抗議したこともありますが、母は絶対に譲りませんでした。今になって思うと、家庭の中で毎日くり返した仕事が、社会において責任ある仕事をする人生の山場を、私たち三人兄妹がそれぞれ乗り越える原動力となっていたような気がします。

現代の家庭のあり方は昔とはちがっていますが、母親がわが子のためにしてやれることの本質は変わっていないはずです。母親としての敏感期にいるお母さんが、その糸口かヒントを本書の中に見出してくだされば嬉しいです。

第五章と第六章は、京都市のくすのき保育園の先生方の御努力の成果を使わせていただきました。この貴重な資料を提供してくださった池田政純園長先生、則子主任先生、諸先生に心から御礼申し上げます。また、イラストがたくさん入った煩雑な編集を懇切丁寧にしてくださった東條律子さんに心から感謝しています。

一九九三年十二月

相良敦子

文庫版あとがき

この本の原稿の完成が近づいた一九九三年の秋、私が「タイトルは『お母さんの敏感期』にしたいと思います」と提案したときのことです。この題名が会議で検討された後、「それは困る。別のタイトルを考えてほしい」ということになりました。「敏感期」という言葉の印象が過激だというのです。その後よく考えてみた結果、私は「やっぱり『お母さんの敏感期』にしたい」と主張しました。でも、この二回目の提案も却下されました。もう一度タイトルの案を持っていかなければならなかったとき、私は「それでも、やっぱり『お母さんの敏感期』にしたい」と、本書の第三章に述べているような理由でこのタイトルをつけることを強く訴えました。私がどうしても譲らないので、しぶしぶ承認されたタイトルでしたが、出版されてみると、このタイトルが関心を引いたようで、編集部に「敏感期について書かれた他の本はないか」「『お父さんの敏感期』という本はないか」などという問い合わせがあったそうです。

「敏感期」という言葉についての認識がまだ薄かった当時に較べて、今はどうでしょう。動物行動学や脳科学の膨大な研究の積み重ねを背景に「臨界期」「感受性期」「敏感期」

という言葉が一般化し、誰もが知る概念になりました。こういう状況になると今度は、モンテッソーリ教育の中で使われる「敏感期」という言葉がもっている独特のニュアンスを知っておくことが必要になります。今回、文庫化する機会を捉えて、その部分を加筆修正いたしました。

また、本書を書いた当時、脳と保育について書かれた本は大脳生理学者・時実利彦先生によるものが主流でした。ところが今は、時実先生の孫弟子の方々が脳科学の研究で大活躍され、脳科学と幼児教育についての本も巷に溢れています。この状況の変化を見ながら、私が一九九三年に書いた脳に関する部分が古くなって間違っていることを内心恥ずかしく思っていました。幸い、今回の文庫化を機会に、脳について書いた部分は、そっくり書き換えさせていただきました。ところが、いざ書き換えるとなると、困ってしまったのです。なぜなら、脳の知識にはズブの素人の私が、中途半端な知識で書くことはこっけいなことだとわかってきたからです。それに脳科学の世界は、次々に新しい研究発表が話題となる発展途上の分野なので、ある時期の学説や話題を勝手に解釈し、乳幼児教育にあてはめることは、全く効果がないか有害でさえあり得るのです。

こういう状況がわかればわかるほど、どのように書き換えるべきか悩みました。脳科学と学習や教育について書いた本は山ほどありますが、結局私はＯＥＣＤ教育研究革新センター編著・小泉英明監修『脳を育む―学習と教育の科学―』(明石書店)だけを参考にすることにしました。この本は、現時点で脳科学と教育について何が言えるのかを専門家でない者にもわかるように教えてくれていると思ったからです。文庫になるに際し、時代と共に変わっていく部分を書き換える機会をいただけたことをありがたく思っています。

二〇〇七年六月

相良敦子

単行本　一九九四年一月　文藝春秋刊

＊文庫化にあたり、単行本の図版をそのまま使わせていただきました。
イラストの（株）そのスタジオさんの連絡先をご存知の方はご一報ください。

文春文庫

お母《かあ》さんの「敏感期《びんかんき》」

モンテッソーリ教育《きょういく》は子《こ》を育《そだ》てる、親《おや》を育《そだ》てる

定価はカバーに表示してあります

2007年8月10日　第1刷
2016年3月5日　第9刷

著　者　相良敦子《さがらあつこ》
発行者　飯窪成幸
発行所　株式会社　文藝春秋

東京都千代田区紀尾井町3-23　〒102-8008
TEL 03・3265・1211
文藝春秋ホームページ　http://www.bunshun.co.jp

落丁、乱丁本は、お手数ですが小社製作部宛お送り下さい。送料小社負担でお取替致します。

印刷・凸版印刷　製本・加藤製本

Printed in Japan
ISBN978-4-16-771745-2

（　）内は解説者。品切の節はご容赦下さい。

齋藤 孝
偉人たちのブレイクスルー勉強術
ドラッカーから村上春樹まで
ひと皮剝けたいなら先達に学べ！ 行き詰った状況を突破するための勉強法を、夏目漱石、吉田松陰、本田宗一郎、ゲーテらの経験から学ぶ。「齋藤式」勉強術も満載！　（小林照幸）
さ-38-9

相良敦子
お母さんの「敏感期」
モンテッソーリ教育は子を育てる、親を育てる
イタリア初の女性医師、マリア・モンテッソーリが生み出した「モンテッソーリ教育」。日本でも根強い支持者をもつこの教育法を、第一人者が豊富なイラストで伝授するバイブル的書。
さ-46-1

相良敦子
お母さんの「発見」
モンテッソーリ教育で学ぶ子どもの見方・たすけ方
日常生活の行動を子どもがひとりでできるようにするには、どう手助けすればいいのでしょう？ オバマ大統領なども受けた普遍的な教育法の好著に、文庫オリジナルの第四部を加筆。
さ-46-2

四十万《しじま》 靖・渡邊朗子
頭のよい子が育つ家
有名中学合格者の自宅を徹底調査したら、子供部屋で勉強している子はほとんどいなかった！ 新しい家と家族のあり方を提唱し話題になった書に「その後の『頭のよい子』たち」を加筆。
し-49-1

瀧波ユカリ
はるまき日記
偏愛的育児エッセイ
漫画『臨死!!江古田ちゃん』の著者、瀧波ユカリの初エッセイ。シニカルな愛と大いなる妄想、大人のホンネが満載の育児エンタメ・ノンフィクション！　（伊藤比呂美）
た-94-1

藤原《ふじはら》和博
つなげる力
和田中の１０００日
リクルートから公立中学校へ。東京都初の民間人校長として行った教育改革の全貌を公開。塾と学校を繋いだ「夜スペ」など新たな制度から教育法まで、今後の学校の在り方を示した一冊。
ふ-24-2

山田正人
経産省の山田課長補佐、ただいま育休中
霞ヶ関のキャリア男性官僚として初めて一年間育休を取った山田さんの涙と汗の育児日記。職場のウワサを気にしながら育児の楽しさにのめりこんでいく様子は微笑ましい。　（勝間和代）
経-11-1

（　）内は解説者。品切の節はご容赦下さい。

鷲田清一・内田 樹
大人のいない国
犯人捜しの語法でばかり社会を論じる人々、全てを費用対効果で考える消費者マインド、クレーマー体質……。幼児化する日本の今を知の巨人ふたりが分析し、成熟への道しるべを示す！

う-19-14

奥野修司
心にナイフをしのばせて
息子を同級生に殺害された家族は地獄の苦しみの人生を過ごしていた。しかし、医療少年院を出て、「更生」した犯人の少年は弁護士となって世の中で活躍。被害者へ補償もせずに。（大澤孝征）
お-28-3

乙武洋匡
オトことば。
障害のことや教育のこと、差別語、そして生きること……。悩んでいるみんなと乙武さんとのツイッターでのやりとりをまとめた、軽いようでとても深い、新しい人生相談！　（春名風花）
お-67-1

陰山英男
本当の学力をつける本
学校でできること　家庭でできること
家庭学習のあり方を変えた五十万部ベストセラーの文庫化。有名大学合格者続出の公立小学校の秘密は、徹底的に「読み書き計算」にこだわることにあった。すべての親・教師必読の書！
か-35-2

神原一光
辻井伸行 奇跡の音色
恩師との12年間
「目の見えない子にどうやってピアノを教えるのか」盲目の少年を一流のピアニストに育て上げた独特の教育法と、師弟の12年間の交流、国際コンクールの内幕に迫る感動の記録。
か-60-1

齋藤 孝
子どもの集中力を育てる
3歳から小学校低学年までの「身体を使った教育法」が集中力の鍵。「軽いジャンプ」をしながらの暗誦法、「四股踏み」「音読ゲーム」等を紹介。ぐんぐん伸びる齋藤メソッド満載。　（秋田光茂）
さ-38-7

齋藤 孝
なぜか好かれる〈気〉の技術
気遣い、気配り、気働き……好かれる人は「気のセンス」がいい！日本の「気の文化」を理解し、コミュニケーションを活性化して爽快に生きる。人間関係で気疲れしない、新しい齋藤式身体論。

さ-38-8